# セブン-イレブン
# 鈴木敏文帝国崩壊の深層

渡辺仁

金曜日

この書を亡き渡辺仁氏と見殺しにされたフランチャイズオーナーとその家族に捧げます

目次

第二章

## セブンはブラックなのか⁉

第四章

# 裁判で追い詰められる〝偽装〟の鈴木商法

## 第五章
# 日米ＦＣ紛争に発展した〃悪魔のフランチャイズ〃

本書は『週刊金曜日』連載（２０１４年１月31日号〜２０１５年２月13日号）の「セブン-イレブン〝鈴木帝国〟の落日」に加筆したものです。

なお、本文中では敬称を略していますのでご容赦ください。また。クレジットのない写真は筆者の提供です。

# 「まえがき」に代えて

## 「想定内」だった鈴木敏文電撃退陣

「反対票が社外だけでなく社内から出るようでは、私は信任されていない」

「セブン‐イレブン」創業者として、20数年にわたりトップに君臨した鈴木敏文氏はやや硬い表情で「引退」を決意した理由をそう述べた。「慚愧に堪えない」などとも漏らしたが、その口からついて出たのは周囲への批判ばかりで、自らの責任に触れることはなかった。２０１６年４月７日、グループ10兆円企業トップの電撃退陣表明は、コンビニ業界はもとより〝政財界〟やマスメディアにも激震をもたらした。

だが、〝鈴木帝国崩壊〟を早くから予言していた経済ジャーナリストがいた。渡辺仁さん。彼はすでにこの世にいない。本書の発行をめざし、最終原稿を執筆中に急死してしまった。

日本の御用マスメディアの〝最大のタブー〟の一つである「セブン‐イレブン」の問題に斬り込んだ、ほとんど唯一と言っていい経済ジャーナリストの無念の死だった。

セブン＆アイグループの人事をめぐっては、２０１５年の年末あたりから、内部からと思われる「怪文書」が出回り始めた。２０１６年3月27日には、㈱セブン＆アイ・ホールディングスの大株主である米国の投資ファンド「サード・ポイント」が、㈱セブン‐イレブン・ジャパンの井阪隆一社長の更迭と鈴木敏文代表取締役会長の二男（セブン＆アイ取締役の鈴木康弘氏）への世襲（権力委譲）の「噂」をめぐり、懸念を表明する異例の書簡を送ったことが一部ネットメディアで報じられた。そのサード・ポイントとセブンの創業家である伊藤家が手を組み、セブン＆アイの株式を大量取得したとの情報も流れた。そして4月7日のセブン＆アイ取締役会の直前には、鈴木会長の解任動議が出されるとの噂も流された。独裁的な手法でグループを支配してきた鈴木氏は追い詰められていたのだ。

『週刊金曜日』での連載「セブン‐イレブン〝鈴木帝国〟の落日」（２０１４年1月〜15年2月までの計13回）に加筆した本書はまさに、鈴木敏文帝国崩壊の深層を描いたものだ。今こそ出番というときに、渡辺さんは舞台から消えてしまった。65歳になったばかりだった。

「残念ですが、渡辺さんの死亡を確認しました」

２０１６年2月18日夜8時すぎ、長崎県大浦警察署から私のスマートフォンに連絡が入った。

足がすくんだ。その40分ほど前、私は数日前から連絡の途絶えた渡辺さんの消息確認を同署に依頼していた。同日昼頃には知り合いのジャーナリストからも「渡辺さんとの連絡が取れない」と心配する電話が入っており、私の胸はざわついていた。嫌な予感が的中してしまったのだ。

ご遺族と連絡を取り、告別式の執り行なわれた2月20日に長崎に入った。翌日ご遺族とともに渡辺さんの自宅に向かった。執筆途中の原稿や最新の資料を探すためだ。知り合いのジャーナリストも一緒で、作業は彼と分担した。足の踏み場もないほど山のように積み重なった資料やメモから、渡辺さんの無念が伝わってきた。

私が渡辺さんと知り合ったのは10年近く前で、情報交換を密にするようになったのは前記の連載の準備を始めた２０１３年春頃からだ。渡辺さんは数年前に長崎市川原町の自宅で実父を見送ったあと、そのまま自宅で独り暮らしをしていた。そこを拠点にセブン‐イレブンをはじめ、全国各地のコンビニエンスストアーのフランチャイズ加盟店オーナー、弁護士や会計士などへの取材を続けていた。現地から、取材で得た情報のハイライト部分をそのつど携帯メールで送ってくれた。東京に滞在するときの定宿は池袋。打ち合わせを終えてから、私とはいつも上野のアメ横で一杯やった。気難しく、頑固一徹な一面もあったが、酒が入るとほぐれた。

「鈴木敏文が非を認めるまで、そのクビをとるまで徹底的にやりましょう！」

それが渡辺さんの口癖だった。

「彼らから見たら、私なんてゴミみたいなもんです。象に挑む虫けらみたいなもんだ。だけど、私にもコンビニオーナーにも決して譲れない五分の魂があるんですよ」

日本にコンビニができて42年。コンビニの雄とされるセブン‐イレブンをはじめ、コンビニ・フランチャイズの問題を、その本質に迫って取材を継続している日本国内のジャーナリストは数少ない。渡辺さんはその中でもトップランナーだった。

本書でも指摘しているが、セブン&アイグループは年間で1600億円超の広告費を新聞、テレビ、雑誌、ラジオなどにばらまいている。そのためか、「事実を伝える」はずのメディアの大半が批判の矛先を向けないどころか、「事実」さえ伝えようとしない。本書でも触れている次の事例がわかりやすい。

「ワタミ」のブラック企業大賞受賞を報じた新聞などのメディアが、セブン‐イレブンの同賞受賞にはだんまりを決め込んだ。いったんネットに上げられた「セブン‐イレブン　ブラック企業大賞受賞」のニュースが誰かの差し金なのか20分ほどして突然削除された。これはジャーナリズム以前の問題であり、この国の偽善的なメディア情況を端的に示す事例として、全国の大学のジャーナリズム学科やカギカッコつき報道機関での研究教材にすべきだろう。カネで買われた番犬（犬に失礼だが）よろしく、他の不祥事や事件には執拗に咬みついても、餌をくれる〝ご主人〟の不祥事は無視してひれ伏す。恥ずべきジャーナリズムの自殺行為である。

「高給をもらっているくせに書こうとも、取材しようともしない。私にはそれが理解できません。自分を何様だと思っているのでしょうね」

渡辺さんの既存メディアに対する批判の舌鋒は鋭かった。

こんなメールも残っている。

〈私はこういう性格ですから借金してでも、鈴木敏文会長の詐欺商法を暴いていきます！〉

渡辺さんはコンビニ加盟店オーナーからの信頼も厚かった。だから、情報も集まった。「取扱注意」や「極秘」の内部文書も手に入れた。

〈私の書くものに頼っている人が全国に百数十人いるんですよ。いろいろ新事実が出てきています。セブンはいまだに「本部のいうことをきかないと契約更新できない」と脅しています。中労委後、会計問題（不当買掛金、棚卸）で刑事告発する声もでています！〉

〈年内１７００店もの異常大量出店トラブルも表面化、87歳老夫婦店乗っ取りドミナント、２号強制、人手不足廃業など末期症状〉

〈オーストラリア（8月末）では、セブン加盟店の賃金未払い問題が政治問題化、アメリカでも未払いは本部の責任との州政府判断がでています。すべて中労委で審議中の「労働者性」が原因です。鈴木商法包囲網です。〉

これらはいずれも２０１５年に届いたメールの記述の一部だ。

本書は、前記の連載を中心に、その後に執筆した記事や原稿のほか、一部、私が渡辺さんから口頭で聞いた内容を加える形で構成した。ただ、「新たな数字や判断が出たら、書き加えたい」と渡辺さんが話していたセブン‐イレブンのネット通販サイト「オムニ7」（鈴木康弘氏が責任者、20ページ〜参照）の現状や、中央労働委員会の命令（56ページ〜参照）、さらに集団訴訟になっている米国セブン裁判の判決、フランチャイズ規制法成立のゆくえなどなど、いくつか現在進行形の課題は積み残ったままだ。

〈セブン本もう少し待ってください。中労委はセブンがクロの可能性大。米ファンドの買収（株主総会）の動きもあり、世間が動くタイミングを図っています。〉

セブン&アイ・ホールディングズの株主総会は5月中旬に開かれるが、渡辺さんはこの本の出版をそこにぶつけたいと思っていたようだ。その目算は正しかった。渡辺さんの命の時間があと数カ月あったなら、鈴木退陣を見届けることができた。今となっては残念でならないが、そのご遺志の一端をここに記すことで、「まえがき」の代役たる私の責任もかろうじて果たせるのではないかと思っている。

セブン‐イレブンをはじめコンビニ店舗は日本全国に約5万3000店余（2016年1月）。その便利さゆえ、多くの人が日夜利用する。しかし、数々の不当・不法性が問題にされるフランチャイズ（FC）契約によって、そこが〝地獄〟になる加盟店オーナーたちがいることを、消費者は知っておくべきだろう。「鈴木退陣」ですべてが改善するわけではない。誰がトップになろうとも、本書で指摘されている数々の問題の改善・解決こそが急務だ。「近くて便利」なコンビニ店舗での過酷な事実を記録した本書が多くの読者の手に届き、日本のコンビニ・フランチャイズ業界の改善の一助になることを切に願うものである。

2016年4月

『週刊金曜日』編集部　片岡伸行

第一章

# 伊藤家vs.鈴木家の後継者めぐる最終バトル

# 鈴木敏文帝国崩壊への道

**2014年の夏から鈴木敏文会長の「2015年10月退陣説」が囁かれていた。単なる噂なのか、それとも……。取材を進めると、セブン-イレブン紛争（加盟店主との15年戦争）に絡んだ、イトーヨーカ堂創業家の伊藤雅俊名誉会長と、中興の祖・鈴木会長との後継者争いの構図が浮かび上がった。**

「伊藤家」というのは、イトーヨーカ堂（前身の羊華堂洋品店は１９２０年、㈱ヨーカ堂は１９５８年に設立）の創業家であり、現名誉会長が１９２４年生まれの伊藤雅俊《いとうまさとし》（92歳）である。伊藤はセブン-イレブン・ジャパン（＝セブン本部・東京都千代田区、井阪隆一社長）を含むセブン&アイ・ホールディングス（＝セブン&アイ・東京都千代田区、村田紀敏《むらたのりとし》社長）の大株主でもある。

そのイトーヨーカ堂の経営が低迷したとき、米国発祥のコンビニエンスストアという業態を日本で初めて導入（１９７４年に第１号店出店）したのが「鈴木家」の鈴木敏文（１９３２

1974年5月15日、イトーヨーカ堂役員会の反対を押し切り、鈴木敏文取締役（当時）がフランチャイズ第1号となる豊洲店をオープンさせた。セブン‐イレブンのすべての紛争がここから始まった。写真中央が豊洲店の山本憲司オーナー。後方右から３人目が鈴木敏文取締役、左から３人目が伊藤雅俊社長、サウスランド社の社員も写っている。

年生まれの83歳）である。「中興の祖」と言われる鈴木は、80歳を超えて、㈱セブン‐イレブン・ジャパンと㈱セブン＆アイ・ホールディングス、さらに㈱イトーヨーカ堂の代表取締役会長兼最高経営責任者（ＣＥＯ）であり、セブン＆アイグループのトップに君臨し続けた。

伊藤家と鈴木家の確執が囁かれてからすでに長い年月が経つが、とくに２０００年代に入って、加盟店オーナーとの裁判が頻発すると、破竹の勢いで躍進を続けてきた鈴木商法に翳《かげ》りが見え始める。マスメディアがそうした実情を伝えないため、セブン‐イレブンのイメージは〝コンビニの覇者〟であり続けた。

しかし、その鈴木商法の土台が14年ごろから大きく揺らいだ。

鈴木敏文の推し進めてきたコンビニ・フランチャイズ商法（いわゆる、セブン商法＝鈴木商法）の問題点が、日米で大規模な紛争の火種となり、もはやその法的・社会的責任を免れ得ない〝末期症状〟を呈し始めた。

その鈴木敏文が自らの力の温存のため、鈴木家の威信とジュニアへの権力委譲をかけて打った戦略があった。

## オムニチャネル戦略

２０１４年春のセブン＆アイ・ホールディングスの役員人事でちょっとしたニュースがあった。鈴木敏文会長の二男、当時49歳の鈴木康弘がついに新執行役員になったのだ。それも、セブン＆アイグループの総力を挙げた「オムニチャネル戦略」の責任者、「オムニチャネル推進室シニアオフィサー」という重要ポストである。もちろん前会長の〝鶴の一声〟なのだろう。

セブン店の人手不足を一切無視し、本部が勝手に突っ走った弁当・総菜類の宅配サービス「セブンミール」。500円の弁当をヤマト便で380円の配送料をかけて大失敗した事業だが、「オムニチャネル」もこの二の舞になるとの懸念の声も……。

この耳慣れない「オムニチャネル」とは、スマホやネットで注文した商品を全国のセブン店で、24時間いつでも受けとれるという、次世代ネット通販の総称である。

役員人事ではまた、元警視総監（警視庁の長官）の米村敏朗《よねむらとしろう》（63歳）や東京大学名誉教授の月尾嘉男《つきおよしお》（72歳）などが社外取締役として天下ってきた。米村は第二次安倍政権で内閣危機管理監や内閣官房参与を歴任、政権中枢のインテリジェンスを担った人物だ。なぜ、街のセブン店経営に警視総監の人脈が必要なのか。審議中の中央労働委員会対策ではないかとか、経済産業省の「コンビニの地域貢献」対策ではないかといった憶測も出た。

## 二男を取締役に登用　鈴木父子覚悟の大勝負

この鈴木ジュニアのセブン&アイ入りは、鈴木会長がなりふり構わず最後の大勝負に出たと見るべきだろう。つまり、セブン&アイグループの後継者は二男・鈴木康弘だ、と内外に宣告したに等しい。それにまつわり、退陣説がこう語られていた。

「セブン&アイグループでは、２０１５年を〝オムニ元年〟にするらしいですよ。インターネットやスマホで、セブンの商品をなんでも買い物ができるようにする、と。そのオムニチャネルの取引開始が２０１５年10月で、それを見届けて鈴木敏文さんが辞めるんじゃないか、と社員たちが言い始めています。ちょうどそのころ、（岡山県労働委員会が加盟店主を「労働者である」と判断した不当労働行為事件の）中央労働委員会の結論が出ますからね（編注：中労委の審査は継続中）。ＯＦＣ（オペレーション・フィールド・カウンセラー＝店舗経営指導員）もＤＭ（ディストリクト・マネジャー＝地域統括指導員）も、『さすがにもう（鈴木体制は）終わりだろう』と。加盟店としては、勇退というより、（紛争を多発させたフランチャイズ契約の）責任をとって退陣するという形でなければ納得できないでしょうけどね」

鈴木退陣とオムニチャネルの取引開始時期を重ねて、関係者はそのように話した。

次世代ネット通販の「オムニチャネル」は、ネットのビッグデータを分析・活用し、消費者を囲い込もうとする、今、小売業界でホットな集客販売の手法なのだ。しかし、利益は本部へ、加盟店はわずかな手数料しか手にできない。つまり、セブン店は商品のショーウインドーであり、単なる配送拠点でしかなくなる。「独立事業者」である店舗オーナーを完全に無視した形の構想なのだ。

これに関連し、『日経流通新聞』は２０１４年5月26日付で、鈴木会長が「オムニチャネル戦略がダメなら辞める」と周囲に漏らしたという衝撃発言を見出しに立てて、こう報じた。

〈鈴木会長『オムニチャネル戦略がダメだったら辞める』／昨秋にネットと実店舗を融合させたオムニチャネル戦略を打ち出したセブン＆アイの鈴木会長は『第２の成長をめざす』『世界最先端をゆく小売業になる』と豪語する一方、周囲にはこんな覚悟も漏らしていた。／急速に広がるネット消費に、圧倒的な店舗インフラを持つ同社の未知なる戦略で、責任者は鈴木会長の次男、鈴木康弘セブン＆アイ・ネットメディア社長〉

この記事は「かわいいわが子にセブン利権を渡さないなら、オレにも覚悟があるぞッ！」とセブン首脳を恫喝しているとも読める。もっと言うと、セブン＆アイのオムニ戦略とは、鈴木父子の心中覚悟の大勝負ということになるのだ。

鈴木康弘は、富士通のシステムエンジニア出身。ソフトバンクの孫正義《そんまさよし》社長のもとでEC（電子商取引）事業を学び、１９９９年にソフトバンクとセブンの支援で「イー・ショッピング・ブックス」を起業する。鈴木会長と孫社長とは昵懇《じっこん》の仲だ。２００９年にセブン＆アイグループ入りし、「セブンネットショッピング」と社名を変更。それがオムニチャネル戦略のもとで14年3月、セブン＆アイグループのネット系企業を「セブン＆アイ・ネットメディア」に統合し、社長になった。要は、父親に〝おんぶに抱っこ〟の人物である。

鈴木退陣の火種は、もう一つあった。

## CBS前で抗議行動　米国でも退陣要求

ネットで全世界に流れた1枚の衝撃写真がある（24ページ）。米国セブン加盟店協会メンバーが２０１４年7月下旬、カリフォルニア州のCBSテレビ局前で、鈴木会長と米国セブンのCEOの顔面に「×印」をつけた写真と、「店を奪うな」「生活権を奪うな」という抗議のプラカードを掲げて退陣を突きつけた。米国でも経営の自由を奪われたオーナーたちが叛乱《はんらん》を起こ

米国のセブン-イレブン加盟店協会のメンバーが2014年7月下旬、CBSテレビ局（カリフォルニア州）前で、独立事業者の権利を蹂躙されたと、「鈴木会長退陣せよ！」と抗議行動をして注目を浴びた。日米で「鈴木退陣」の声が上がる。（米国セブン‐イレブン加盟店協会のホームページより）

しているのだ。

米国事情に詳しい現役の加盟店オーナーがこう証言する。

「アメリカでも鈴木退陣の声が上がっているんです。向こうではもっと酷《ひど》いことが起こっているんですよ。売上のいい反抗的オーナーの店を契約更新しなかったり、契約解除して、店ごと取り上げているんです。それを日本方式（チャージ＝指導料が高く、仕入れ請求書・領収書を開示しない）を呑む人物にやらせるんです。つまり、店を転売するわけですね。そのサヤを抜き一時的に利益を出す。その利益としてボーナス４００万ドル（数億円）をもらって辞めたＣＥＯがいて、『われわれの店を奪って莫大な退職金とってるぞ！』と大騒ぎになってるんですよ。そのＣＥＯは加盟店寄りで、鈴木会長のやり方と対立していたんです。だから金で辞めさせたんじゃないか、と疑惑が出ているんです。ところが、ＣＥＯは退職金でほかの州でコンビニのフランチャイズ会社を立ち上げたというんですから。アメリカ人は金のためならなんだってやるんです。その上なんと、セブン本部は全米加盟店協会（米国セブン加盟店協会）の会長と前会長の2人を、7月に2週間も極秘で東京に呼んで、『アメリカの騒動をうまく収めてくれ』と頼んでいるんですよ。鈴木さんの命令でしょうね。これも今、大問題になっています」

実は、セブン&アイ（米国セブンの親会社）は、米国のセブン店（約８２００店）を日本方式のチャージの高いフランチャイズ契約に切り替えて、米国セブンをニューヨーク市場に株式公開させようと狙っているというのだ。先の優良店を奪って転売する方法は、転売益を上げながら高チャージ店に切り替えてしまう、一石二鳥の策なのである。

２０１４年4月、米国セブン加盟店協会シカゴ代表のハシム・サイードが緊急来日し、日本の鈴木商法の実態を知り、コンビニ加盟店ユニオン（池原匠美《いけはらたくみ》執行委員長）と提携した（１７８ページ〜参照）。そこで岡山県労働委員会が出した「不当労働行為救済命令書」を米国に持ち帰り、日米共通の契約問題や独立事業者問題を糾弾しようと合意。ＣＢＳ前での抗議行動もその一つである。

## 「長めの書類読めない」健康を危ぶむ声も

足元のセブン‐イレブン・ジャパンにも火種が燻《くすぶ》っていた。２００８年10月、公正取引委員会が見切り販売妨害で摘発したのをきっかけに鈴木会長の威信が失墜、役員会でも面従腹背《めんじゅうふくはい》が始まっている。それに追い打ちをかけるように、09年6月に公取委がセブン本部に排除措置命令を出し、東京高等裁判所が見切り販売妨害に違法判決（13年8月）を下し、14年10月の最高裁判所判決で確定した。前述の岡山県労働委員会もフランチャイズ契約書をタテにした不当労働行為だと認定（14年3月）するなど、40年続いた鈴木敏文商法の見直しを命ずる歴史的判断が相次いだ。

こうした創業以来の危機にセブン経営陣も相当ショックを受けていたのだ。

消息筋が内情を打ち明ける。

「実は今、鈴木さんを三越の岡田さん（三越事件＝1982年9月、三越を私物化したとの理由で役員クーデターで解任された岡田茂）のようにはさせたくない、と（役員の）みんなが思い始めているんですよ。無茶なことをやってきたけど、今のセブンを作った最大の功労者なんだから、と……。せめて赤絨毯《あかじゅうたん》は敷いてあげなければならないなと」

セブン‐イレブンの取締役会はしばらく前から、鈴木会長の手を離れて集団指導体制で運営されていたようだ。鈴木会長が長めの決済書類が読めなくなり、根を詰めての決定ができなくなっていた。「認知症の兆しか？」などと健康問題を危ぶむ声もあった。テレビや新聞、雑誌で飛ぶ鳥を落とす勢いの発言をくり返している鈴木会長のイメージからは、にわかには信じがたい話だった。

だが、鈴木会長も２０１５年12月１日で83歳。創業者の伊藤雅俊名誉会長が総会屋への利益供与事件(92年)で引責辞任し、イトーヨーカ堂グループの代表となって20年以上になっていた。

## オムニチャネルは「失敗した方がいい」

この消息筋は、セブン＆アイグループの命運をかけたと意気込むオムニチャネル「オムニ7」についてもこう見る。

「鈴木さんは、実店舗（セブン店）があるので商店街より絶対に強いはずだと思い込んでいます。(息子のことで）判断力を失っているんです。ところが、オーナーさんたちは『冗談じゃないッ、われわれ加盟店はそんなハシタ金以下の手数料でやってたまるか！』という気持ちです。そんなオーナーの気持ちが、あの人は全然わかっていないんですね。今までどおり、オレが右と言えばみんな右を向く、イヤなものは辞めろ、と。それができると思い込んでいる。だからセブンの頭の切れる役員連中は、『あの人は過去の人だ。オムニチャネル？　失敗した方がいい』とみんなそう思ってますよ」

セブン‐イレブンＯＢの一人もこう打ち明ける。

「鈴木さんはセブンで成功したけど、ほかは失敗ばかりなんですからねぇ。そごう・西武だって成果を上げていない。イトーヨーカ堂だって20年以上経営して全然よくなっていない。結局、セブンの加盟店の稼ぎで救われているのが真相じゃないですか。しょせん、〝フランチャイズ屋〟なんですよ。セブン＆アイもセブンも株を持っているのは伊藤家ですから、伊藤さんが虎《こ》視眈々《したんたん》と次を狙っているんじゃないですか」

株式市場に上場した大企業の最高経営責任者が健康問題を取り沙汰されるとは穏やかでないが、さらに、鈴木退陣説が出た裏側を探っていくと、そのソフトなイメージとはかけ離れた内部体制の実態が浮かび上がってきた。

## 知られざるセブンと自衛隊の関係
## 元陸将をトップに加盟店との紛争封じ

**「退陣」説が飛び交いながらも、君臨を続けた鈴木敏文会長の裏には、黒子の「元自衛隊役員」らの存在があった。知られざるセブンの役員たちの役回りと、創業・伊藤家と鈴木家の確執の歴史に迫る。**

伊藤雅俊（左）・鈴木敏文のツートップ独裁が長く続き、後継者を育てなかった点が「最大の悲劇」とも指摘される。

## 社長人事の謎

セブン‐イレブンには多くの謎がある。オーナー社主の伊藤雅俊名誉会長は、なぜ加盟店主の訴訟を放置してきたのか。なぜ、加盟店主にマスコミ取材の箝口令《かんこうれい》を敷くのか。なぜ、セブン礼讃本があふれて批判報道が出てこないのか。

　セブン‐イレブン・ジャパンは約２２３３億円（２０１５年２月期決算）もの大利益を稼ぐ業界のモンスターである。年間数百億円もの大宣伝費を使い、メディアの口を事実上封じている。セブン&アイ・ホールディングスの広告宣伝費（セブンのテレビＣＭ費など）は２０１４年は１２７１億円、15年が１６５６億円もの莫大な金額だ。

だが、最大の謎は社長人事だ。

## 伊藤と鈴木の相容れない経営観

歴代社長の顔触れを見ていただきたい。

初代の伊藤雅俊社長、２代目の鈴木敏文社長までは順当だが、３代目の栗田裕夫《くりたひろお》社長は陸上自衛隊の師団長（陸将）まで務めた軍人である。街の小売店のトップに、なぜ防衛庁（現・防衛省）のエリート幹部が就任したのか。誰に対して「防衛力」が必要だったのか。前述した元警視総監の米村俊朗の社外取締役入り同様、不可解な人事だ。この陸将社長の謎は後で詳しく触れよう。

次ページの「歴代経営陣」を見ていただきたい。４代目の工藤健《くどうけん》社長、５代目の山口俊郎《やまぐちとしろう》社長はともに30代（36歳、31歳）でセブン入りした中途採用組だ。退任年齢を見ても、両社長とも62、63歳という若さで辞めている。いや、真相は「辞めさせられた」のだ。それなのに鈴木敏文会長は70歳、80歳でもグループＣＥＯに就任、第一線に君臨し続けていた。鈴木会長が社長の首を次々とすげ替えてきたからである。

親会社のイトーヨーカ堂は１９４８（昭和23）年に法人化し、58年に株式会社に移行。72年に東京証券市場に上場した大企業である。61年から大卒の定期採用をしており、生え抜きのトップとなる有能な人材もいたはずだ。だが、セブンとヨーカ堂は「水と油」だったのだ。

「商人の伊藤とテクノクラート（官吏・合理主義者）の鈴木は水と油」（『伊藤雅俊の商いのこころ』日本経済新聞社刊より）と、伊藤が自ら認めるとおり、互いに相容れない経営観をもっていたというのが真相だ。いわばこの二人の経営者の経営観、フランチャイズ観の違いが加盟店紛争

**セブン-イレブン・ジャパン**
**歴代経営陣**

世評 **最後の大商人**

伊藤雅俊　初代社長　1974～78年　54歳退任

世評 **冷たい切れ者**

鈴木敏文　2代目社長　1978～92年　60歳退任

世評 **初の自衛隊陸将社長**

栗田裕夫　3代目社長　1992～97年　71歳退任

世評 **鈴木会長の腹心**

工藤 健　4代目社長　1997～2002年　62歳退任

世評 **鈴木会長のイエスマン**

山口俊郎　5代目社長　2002～2009年　63歳退任

世評 **初の生え抜き社長**

井阪隆一　6代目社長　2009年～

を引き起こした原因になったと言えよう。

イトーヨーカ堂（伊藤名誉会長）とセブン－イレブン（鈴木会長）は、相互不干渉の関係で、人材交流も一切なかった。しかも、セブン創業14、15年ごろからグループはセブンの利益に寄りかかる形となった。

伊藤名誉会長は、前著『商いのこころ』で、ヨーカ堂の社長が20年以上変わらなかったのは異常だったと述べ、「二人の経営者（伊藤・鈴木）の存在が大きく自分で考える社員をつくらなかったという危惧と反省がある」と書いている。03年、79歳のときの回顧録だ。これは、今となっては「鈴木会長の暴走に歯止めをかける役員を育てられなかった」との反省の弁とも読める。なぜなら1992年のヨーカ堂の総会屋事件で伊藤が会長を引責辞任したのを受け、鈴木はグループ全企業の指導権を握った。以降、今日までセブンを38年、ヨーカ堂グループを24年も独占する「鈴木帝国」を築いてしまったからだ。鈴木は、㈱イトーヨーカ堂の代表取締役会長で最高経営責任者（ＣＥＯ）でもあった。

## 加盟店紛争封じか!?　萬歳、栗田の役割

なぜ、株式を公開した上場企業で世にも異常な長期独裁体制が生まれたのか。この原因は、すべてフランチャイズ紛争にからんでいる。

34ページのセブン本部と加盟店との紛争の歴史を見ていただきたい。

筆者の調べでは、加盟店とのモメ事は創業期から始まっていた。酒店や米店から転業した加盟店主たちは利益分配にうるさく、後述する高額チャージ率と加盟店に不利なセブン‐イレブン会計に最初から猛反発していたのだ。そのため、政治家を使って当時の通産省小売商業課に告発していた。しかし、一向に改善しないため「セブン‐イレブンを良くする会」などという、「地下組織」（セブン本部は、今でも加盟店主の集まりの「コンビニ加盟店ユニオン」を正式に認めていない）を作り、有志を集め、密かに情報交換し改善要求を出していた。だが、その「良くする会」は何回も潰された。

注目は、1979年3月の『日刊工業新聞』の「セブン本部はフランチャイズ契約を改善しないと通産省が行政指導をする」というスクープ報道と、その後の6月に起きた「松戸事件」だ。新聞記事でセブン商法の闇が暴かれ、オーナーたちによる集団脱退が起きたのである。

当時46歳の鈴木社長は、この叛乱事件に大慌てして箝口令を敷き、現場に泊まり込んでオーナーたちを説得し、鎮圧に努めたという。これがセブン‐イレブン史上初となる加盟店クーデター事件である。

この事件後、二人の人物が相次いでセブン入りする。萬歳教公《ばんざいのりとも》元専務（80年入社）と前述の栗田裕夫元社長（81年入社）だ。

この時期に二人が入社したのは、偶然ではない。79年10月、セブン‐イレブンは史上最短で

# セブン本部と加盟店との紛争の歴史

**1974年5月** イトーヨーカ堂役員会の反対を押し切って鈴木敏文取締役がフランチャイズ第1号店をオープン。

**1978年2月** 鈴木常務（当時45歳）、セブン-イレブンの代表取締役社長に就任。トップダウンの独裁体制を敷く。加盟店が500店突破。契約書を渡さず利益を搾取する商法に加盟店主から通産省小売商業課に告発が殺到。

**1979年3月** 『日刊工業新聞』が「セブン-イレブンのＦＣ契約　中小企業庁が改善指導へ」と報じ「不平等契約の闇」が初めて明るみに。

**4月** セブン本部から弾圧を受けながら東京・神奈川の加盟店主が「セブンを良くする会」の地下活動に動く。

**6月** 千葉・松戸市の加盟店主が高額チャージや会計などを不満とし初めて集団脱退する「松戸事件」が勃発。

**1980年3月** 公正取引委員会、セブンのフランチャイズ紛争を重視して米国に独占禁止法の規制に向けた調査団を派遣。

**1981年1月** 「脱サラＣタイプ」の加盟店主がセブン本部を相手に東京地裁にセブン史上初の損害賠償請求訴訟を提起。

**1982年2月** 神奈川の有力加盟店主らが、「松戸事件」に続き会計問題などでモメて集団脱退する「神奈川事件」が勃発。

**1998年ごろ** 加盟店の利益を搾取する不平等会計（コンビニ会計）を告発する「ロスチャージ問題」がネットに初めて登場。

**2001年8月** 伊藤洋・美沙子夫妻ら加盟店主５人が「ロスチャージ事件」で集団提訴。「平成セブン-イレブン事件」がスタート。

**2008年10月** 公取委、セブン本部の見切り販売妨害事件を独禁法違反で摘発。加盟店主が裁判で訴えてきた主張が通る。

**2014年3月** 岡山県労働委員会が「加盟店主は労働者」と断じセブン本部の不当労働行為を認定。

**10月** 最高裁、セブン本部の見切り販売の妨害を違法と確定。40年ぶりに加盟店の価格決定権が認められる。

**2015年1月** 「加盟店主は労働者」とした不当労働行為認定を不服としたセブン側の申し立ては中央労働委員会で審査が継続中。

東証2部市場に上場した大注目企業だった。それが加盟店との訴訟や脱退騒動などが表沙汰になると株価が暴落し、信用がガタ落ちし、命取りになる。社長のクビも危ない。大学生のころから株取引をやってきた鈴木社長（当時）が最も恐れた事態だろう。

有価証券報告書にも、「フランチャイズ事業は加盟店との共存共栄で信頼関係が第一だ。加盟店との信頼がなくなるのが最大のリスクだ」と明記している。株主責任を果たすためにも、セブンチェーン内のゴタゴタを外部に晒してはならなかった。そのためオーナーたちの叛乱を押さえつけ、内部情報が漏れ出ないような組織と規律を作る必要があったのだ。

## 元自衛隊社員が増え加盟店監視の裏仕事

萬歳教公は早稲田大学法学部を卒業後、日立セメントから38歳でセブンに入社。一貫して総務・法務畑を歩み、47歳で取締役、55歳で常務、60歳で専務、66歳で退社する。その後も異例の形で常勤顧問に就任、現在も井阪隆一社長などに公正取引委員会対策やコンビニ加盟店ユニオン対策での知恵袋役を務めている。

栗田裕夫は終戦時の1945年に陸軍航空士官学校を卒業後、51年に陸上自衛隊に入隊。精鋭の北海道・苫小牧の第11師団長（陸将）を務めた制服組のエリート幹部だ。それが55歳で自衛隊を辞めてセブン入りし、翌年、取締役に就任、92年に常務に就任後、総会屋事件が勃発し、急遽、社長に抜擢された。実は、栗田は「謎の反転」（注1）で有名な海軍中将、栗田健男《くりたたけお》の子息である。

法務のプロと言われた萬歳元専務について、セブン‐イレブンOBがこう証言する。

「オーナーさんとの紛争やマスコミ関係をぜんぶ押さえていたのが萬歳さんです。（日立セメント出身とされているが）警視庁の上の方から来た口封じのプロと聞いてます。萬歳さんが辞めた直後、セブン幹部がこう言っています。『萬歳さんがいなくなって、ファイアーウォール（防御壁）がなくなった。事件があったらセブン‐イレブンの社名も店名もバンバン出てしまう。数年前は考えられなかった』と。それと、反セブン・反フランチャイズで活動する団体にも相当な（口封じの）カネを使って押さえていたと聞いています」

一方、陸上自衛隊で一個師団を率いてきた組織統率のプロである大物軍人（栗田）をなぜスカウトしたのか。

栗田は表向き、セブン店の建設や営繕・補修を受けもつ「建設設備本部長」を務めたことになっているが、それは陸将までやったエリート軍人のやる仕事ではない。入社後のスピード昇進といい、やはりそれなりの使命をもった役割と考えるのが自然である。彼の役割はフランチャイズ商法を護るための、最強の組織と規律づくりだったのではないか。総合商社の伊藤忠商事に入って辣腕をふるった元陸軍参謀の瀬島龍三（注2）のような存在にもたとえられよう。

創業者の伊藤雅俊は、地味だがグループ統率ではカリスマ性があった。それに対し、鈴木敏文はクールで従業員の人望がなかった。総会屋事件で伊藤が退任して、グループの求心力が危ぶまれる中で、何千人もの独立事業者を束ねるフランチャイズ組織を運営していかなければならない。それを補ったのが栗田・萬歳という黒子の軍師だった。創業期から知る複数の関係者や、弾圧を受けた数多くのオーナーの証言からそんな構図が浮かび上がってくる。

問題は、この栗田が入った後だ。創業期を知る人物がこう証言する。

「神奈川事件（82年）直後、自衛隊出身のＤＭ（ディストリクト・マネジャー＝地域指導員）などが急に多くなりました。私のところにも、防衛大学を出て戦車中隊長をやっていたというのが転職してきましたよ。30歳すぎでいきなりＯＦＣ（オペレーション・フィールド・カウンセラー＝店舗経営相談員）を飛び越えてＤＭになっていました。だけどすぐ辞めちゃいました。（オーナーの管理・監視という裏仕事をやらされて）嫌気がさしたんでしょうね」

セブンウォッチャーも証言する。

「セブン本部には『オーナー相談部』ってあるんですが、そこの相談者に自衛隊出身者がいると聞きましたね。相談部は、オーナーたちの不満を聞いて共存共栄に役立てようという建前ですが、実態は不満分子をキャッチして、上に報告（して潰す）するのが本当の狙いなんですよ。そこで『オレは自衛隊出身で階級はどれくらいだった』と自慢するらしいですよ。インテリジエンスのプロが集められているんでしょうね」

（注1）栗田健男中将・司令長官は1944年10月、レイテ沖海戦で戦艦大和や武蔵（途中で撃沈）などの大艦隊を率いて戦っていたが、米艦隊を追撃しながらレイテ湾への突入を回避して反転し退避してしまう。これが「謎の反転」と呼ばれ、戦後、「栗田中将は無能か臆病者か」とさまざまな議論を呼んだ。

（注2）陸軍参謀の瀬島龍三は、伊藤忠商事入社後、専務、副社長、会長に就任。帝国陸軍の参謀本部の組織をモデルに「瀬島機関」と呼ばれる直属の部下を率いて伊藤忠の総合商社化に辣腕をふるった。

# 人を不幸にして儲ける商法は破綻する

セブン-イレブン商法のアキレス腱は、独立事業者の加盟店から毎日100億円もの売上金をどう送金させるかだ。未送金オーナーは厳罰に処し、回収には特殊部隊を動員する。「鈴木部隊」と呼ばれる集団の存在はセブン商法の危うさの象徴だ。「独立事業者」であるはずの加盟店オーナーを不幸にして成功するビジネスは、必ずや

**落日を迎えるのである。**

「日本のフランチャイズは戦争中の軍国主義のやり方ですね。若い特攻隊員を犠牲にして戦いましたよね、軍の指導部は。あれとまったく同じじゃないですか?」

2014年4月、初来日してセブン－イレブン・ジャパンの加盟店支配の実態を知った前述のハシム・サイードは、筆者のインタビューで突拍子もない指摘をした(178ページ～参照)。だが、彼の直感は当たっていた。

## 自衛隊と酷似する加盟店支配の組織編成

専門誌『食品商業』は1989年4月号でセブンの組織図を公表した(41ページの表参照)。急成長中のセブン－イレブンは88年の営業利益が379億円(利益率40・3%)もあったが、加盟店をどのように管理し、莫大な利益を上げているのかが謎だった。その秘密がこの連隊式の組織編成にあると考えたのだろうか。

二つの表を見比べると、セブンの全国組織図は、陸上自衛隊のそれと酷似している。元陸将の栗田裕夫元社長の入社（81年）後、80年代前半にはこの組織が完成していたと思われる。当時は、後述する加盟店に不利なコンビニ会計（ロスチャージ会計）も、粗利益の最大80％まで搾取する累進チャージも仕入れ原価のピンハネ疑惑も、世間に知られていなかった。

セブンの創業期を知る人物がこう仰天証言をする。

「自衛隊あがりの栗田元社長が社内の組織を自衛隊式に変えたんです。加盟店を管理する役としてOFC、DM、ZM（ゾーン・マネジャー＝地方総責任者・取締役候補）がありますが、その上に〝ディビジョン〟（Division）という指令部門を作る構想があったらしいんです。ディビジョンって、陸軍用語で『師団』という意味ですからねぇ。何をやろうとしたかわかるでしょう。そこまで（過激に）やらなくていいじゃないかという意見が出て、それに代わってできたのが『オペレーション本部』なんです」

そのものズバリの「師団構想」が検討されたというのだ。師団とは、陸上自衛隊で全国の方面隊の指揮下で展開する実戦部隊である。オペレーションとは軍事用語では軍事作戦行動のことだ。セブンの「オペレーション本部」下にある各「ゾーン」は自衛隊の方面隊の位置づけであり、DO＝ディストリクト・オフィス（地区事務所）は各地に展開する部隊などに該当しよう。

セブンのOFC経験者が明かす。

「OFCは一人で8店ぐらい受け持っています。その上にDMがいてすぐ上がいきなり取締役（のZM）なんですよ。30代のDMなどは混み入ったトラブル処理ができないので、ZMが直

## セブン-イレブン・ジャパン組織図
[1989年]

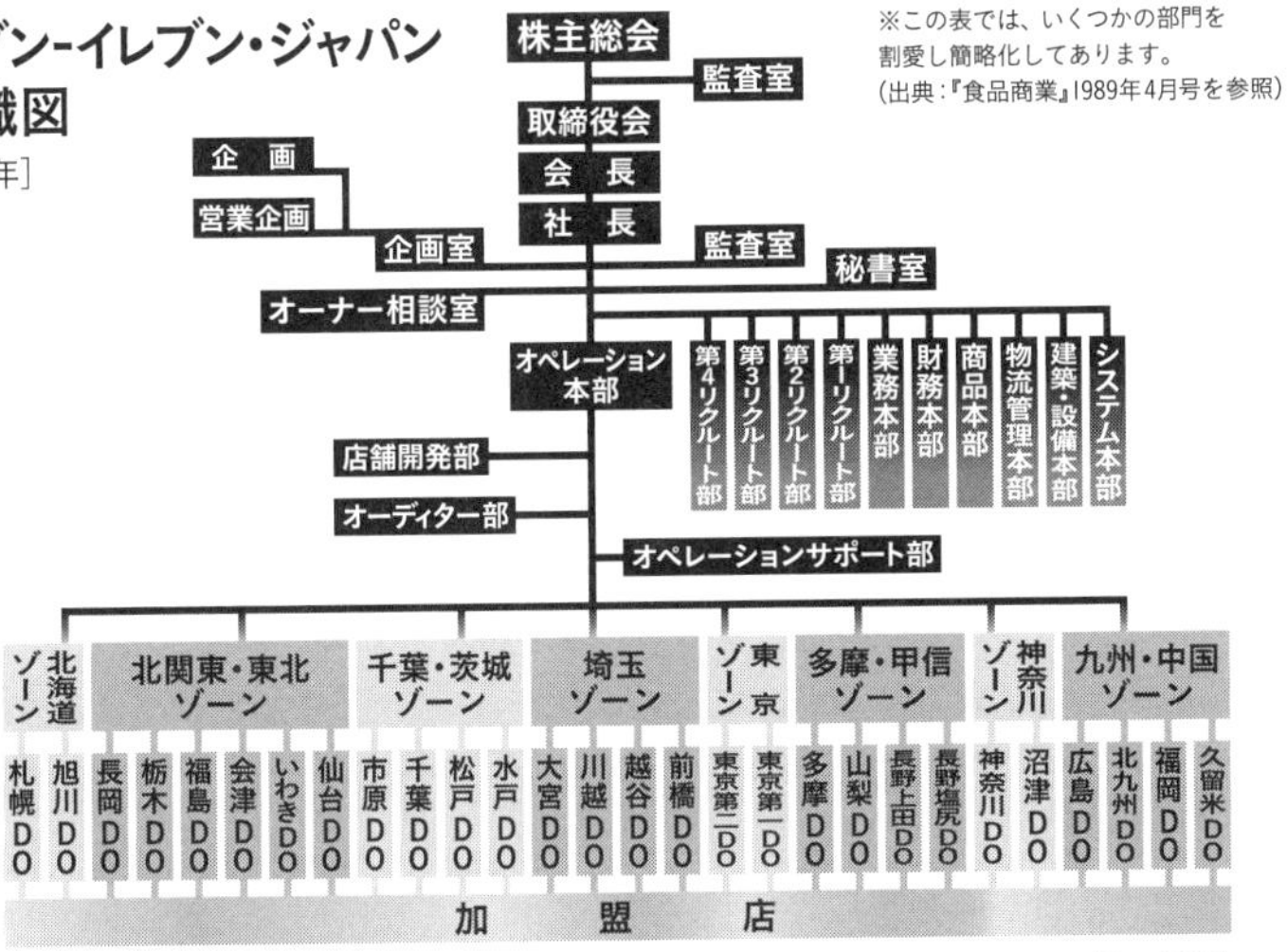


※この表では、いくつかの部門を割愛し簡略化してあります。
(出典:『食品商業』1989年4月号を参照)

※DO＝ディストリクト・オフィス(地区事務所)

## 陸上自衛隊の組織及び編成
[2003年当時]

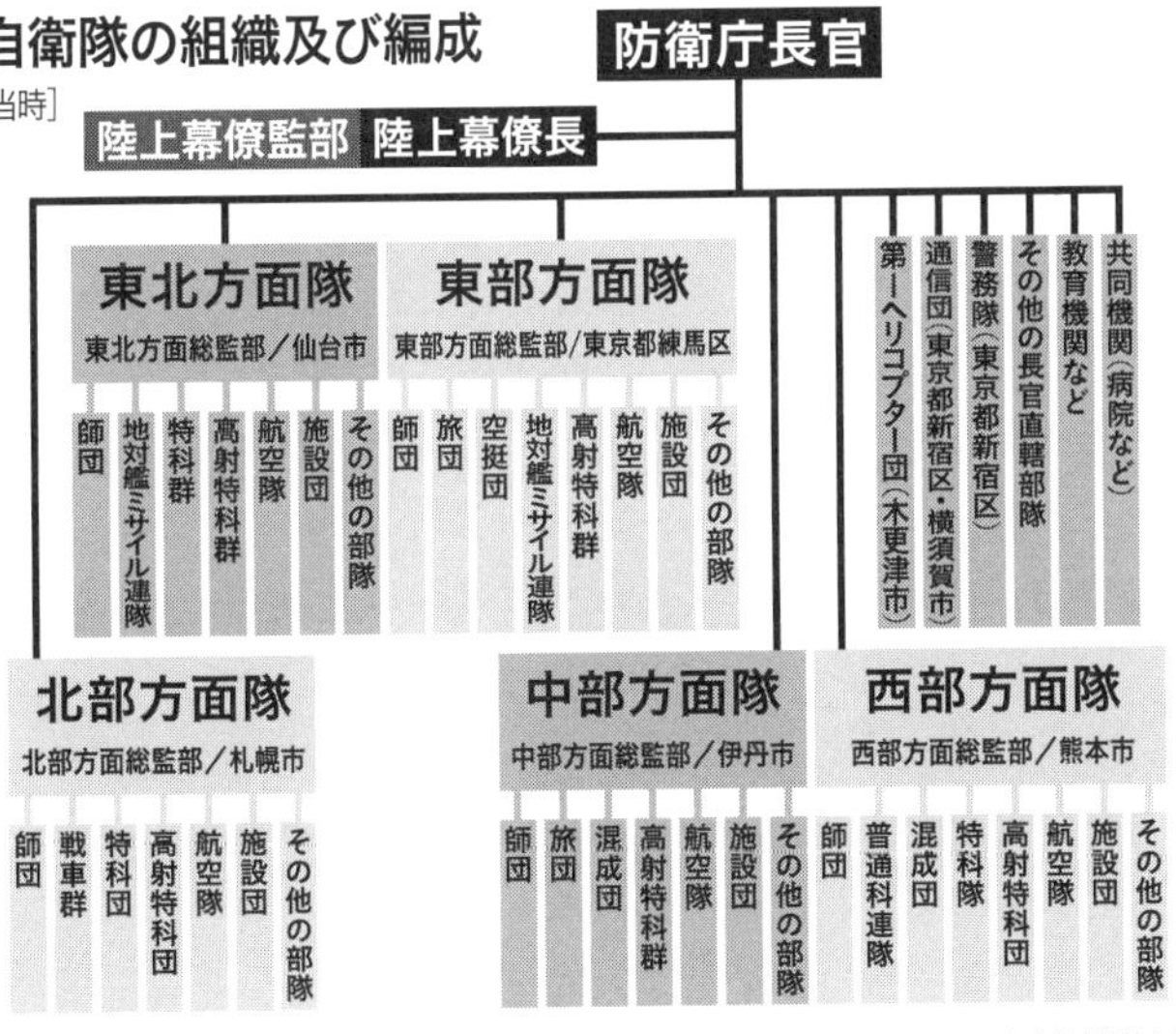


※いくつかの部門の組織編成については簡略化してあります。(出展:加藤健二郎著『自衛隊のしくみ』日本実業出版社を参照)

接乗り込むんです」

このフラットな連隊組織は、上意下達《じょういかたつ》の指揮がとりやすく、加盟店との紛争時、秘密の漏洩を防ぐことができる。だが、ノルマを背負った取締役クラスからじかに引導を渡され、気の弱いオーナー夫妻を自殺に追い込むケースが出ているのだ。

２００４年12月、宮城県黒川郡大衡村《おおひらむら》の佐久間正洋《さくままさひろ》オーナー（当時50歳代）がドミナント（近隣出店）で自殺した前後のいきさつを、オーナー仲間がこう証言する。

「あの時、ゾーン・マネジャー（ＺＭ）が入れ替わり立ち替わり来たんです。ゾーン・マネって北関東・東北の総責任者じゃないですか。そんな頻繁に替わらないんですよ。それが（一人じゃあ）手に負えなくなったんですよね、何人も来たんです。『ああ、土壇場では人を替え手を替えてやる（脅したり、騙したりする）のが手なんだな』と思いましたよ。一人は、話の最中怒鳴っていなくなった。『オーナーさんって、そういう人だったんですか！　わかりませんでした。失礼しますッ！』って。それでまた新しいゾン・マネに替わった」

加盟店を籠絡する自衛隊式の組織には、一般のＯＦＣやＤＭなどが窺い知れない「特殊部隊」が存在した。この部隊に〝制圧〟されたのが、宮城県古川市（現大崎市）の鈴木勝《すずきまさる》（当時52歳）や同県黒川郡大和町《たいわちょう》の佐藤仁治《さとうじんじ》（当時60歳）の両元オーナーだ。

## 売上金を自力回収する鈴木会長の直属機関

特殊部隊とはズバリ、「売上金の毎日送金を拒んだ『未送金オーナー』を力でねじ伏せる非合法部隊」のことだ。この部隊は、鈴木敏文会長の直属機関だという。セブン社員や柔順なオーナーたちには秘密にされていた。未送金問題がこじれて初めて出動する、いわば〝売上金回収部隊〟だったからだ。ちなみに、陸上自衛隊にも「長官直轄部隊」がある。

なぜ、特殊部隊が必要なのか？

それは鈴木会長が考案したセブン商法が、全国の1万7491店（2015年現在）から毎日100億円超を集金するビジネスだからだ。毎日集金（送金）の前提が崩れると、セブン&アイ・ホールディングスグループが機能不全に陥る。だから脱法的な手を使ってでも、集金システムを護らなければならない。

後述するように、ドミナントと累進チャージ（店の売上が上がれば上がるほどセブン本部に入る指導料が増える仕組み）で利益が出なくなったため売上金に手をつけたら、24時間のレジ管理・金庫管理と行動監視を1年以上もやられた事件があった。被害者の鈴木勝はこう証言する。

「2004年5月のことです。ある朝、店に出ると黒服姿の二人の男がレジの近くでじっと立っていました。もう恐怖ですよ。まさか店まで乗り込んでくるとは思わなかった。一日中そこにいる。それからはもう店中が大パニックで、近所の人たちも『セブンのやり方はおかしい』と騒ぎ、警察に相談し、弁護士からも抗議してもらいました」

鈴木は43歳で脱サラした「Cタイプオーナー」（土地の店舗を所有しない）だった。開業5年で最高日販が67万円まで売り上げたが、高額の累進チャージや24時間営業で人件費がかさみ、利益が出なかった。貯金を崩し、退職金に手をつけ、高校生の子どもの大学進学ローンも解約して運転資金を作った。最後は会社員時代に老後のために買った土地も売り、総額4000万円ほど注ぎ込んだが、それでも足りず売上金に手をつけ、人件費や法人税、消費税、税理士費用などの経費を支払った。その際、仙台国税局でセブン店舗経営の必要経費を確認し、セブン本部にも出金手続きをとった。

しかし、金庫のカギをとられ、「駐車場から毎日1時間おきにドカドカと二人で入って来て、『オイ、どけ！』と言ってレジを開け、売上金を奪っていく」という状態が続いた。女性従業員の更衣室にも二人の監視員が24時間立ち、オーナー夫妻と従業員の行動を監視した（150ページの写真参照）。人権と経営権を奪われたこんな生活が1年以上も続いたのである。妻は極度のストレスから半狂乱に。鈴木勝も不眠と懊悩でノイローゼ状態となり、何度も自殺衝動にかられた。

鈴木の裁判を担当した中村昌典《なかむらまさのり》弁護士は言う。

「こんな〝自力救済〟（自分の力で他人の権利を侵害して実力行使すること）など法律で許さ

れていないんです。よくある例で『支払わないから回収する』、これも違法です。裁判所で判決をもらい、執行官の立ち会いがなければダメです。それがセブンの契約書では『できる』と書いてある。われわれ法律家から見ると非常に許しがたいことですよ」

オーナー仲間や弁護士の支えがなければ鈴木は自殺していただろう。その後は途中解約され

鈴木勝・元オーナーが経営していた宮城県「古川西館３丁目店」は、セブン本部によって違法に占拠され、売上金も経営権も奪われた。レジごとバックルームに運び込み、売上金を抜きとる「鈴木会長直轄」のセブン本部社員。彼らは「特殊部隊」とも呼ばれている。

て失職、なんとかマンション管理人の仕事を見つけたが、自己破産に追い込まれた。

佐藤仁治も特殊部隊との修羅場があった。佐藤は父親の代からの酒店を転業した「Aタイプオーナー」（土地の店舗を自己所有）だ。1993年10月、大和町の中心地で開業。妻と娘二人、家族総出の事業だったが、ロードサイドの常識を破り、住宅地に出て大ヒットした。それを知ったセブン本部が、「10年出店しない」との約束を破り、2年後、700メートル先に新店を出した。

「店を作るとき第三者を入れてセブンと約束したんですよ、『人口1万足らずの町なので、絶対10年作らない』と。だから話が違う、とケンカになった。何の相談もなく出店してきましたからねぇ。その後話し合い、セブンの紹介で2号店を作ったんですが、駐車場がなくて売上が伸びず、隣の空き地を駐車場にしてようやく（日販）70万円ぐらいになったんです。そうしたらまた近くに店を作られてケンカ。もう凄いバトルですよ（苦笑）。それで『賠償金を払わないなら送金しないぞ！』と言った。そうしたら異様な男たちの金庫管理が9カ月続いたんです」

佐藤が抜け目ないのは、ドミナントで減収になった1号店を4000万円台で買い取らせた点だ。これはセブン‐イレブン紛争史上初めてのことだろう。証人もおり、もともと自分たち（セブン側）に非があるのでカネで解決したのかもしれない。

複数オーナーの証言によると、特殊部隊は挙動や雰囲気がヤクザっぽく、かなり訓練された「プロ集団」だったという。鈴木が担当DMにじかに確認すると、「あの人たちに私たちは口が出せないんです。鈴木会長直轄なんですよ」と口を割った。この特殊部隊は延べ30人ほどいた。

## 利権屋がうごめき紛争絶えない鈴木商法

これらセブン紛争には、フランチャイズの怪しさを嗅ぎつけた和解ブローカーやフランチャイズゴロ、右翼などの利権屋がうごめいている。創業者が辞任した総会屋事件（92年）、２００１年からの脱サラオーナーの集団訴訟、アイワイバンク設立認可政界工作疑惑（02年）、右翼系企業への店舗・駐車場警備委託事件（05年）、公正取引委員会によるセブン本部摘発（09年）、イトーヨーカ堂所得隠し事件（14年）、加盟店主への不当労働行為事件（同）と、鈴木会長がトップになってから黒い噂と紛争が絶えない。何も知らない脱サラ夫妻を「一国一城の主」と偽り持ち上げ、年中無休・24時間労働を強いて高額なチャージ（指導料）をとる一方、わが身を護るために元陸将や元警視総監、「特殊部隊」を配置する。政治家も味方につけ、メディアは広告料で黙らせる。これがコンビニの雄の加盟店支配の実態であろう。

半世紀を経たフランチャイズ業界を法律で規制しようとする声も今後高まるだろう。実質的な労働者であるオーナーたちを犠牲にして利益を上げるセブン商法はブラック企業以外の何物でもなく、人を不幸にして「セブン‐イレブンいい気分」でいられる商法は必ず破綻しよう。

第二章

# セブンはブラックなのか!?

## 「ブラック企業大賞2015」受賞に激震　セブンの何が問題か

**『週刊金曜日』が長年にわたり告発を続けてきたコンビニ・フランチャイズの雄であるセブン‐イレブンが「第4回ブラック企業大賞」を受賞した（2015年11月29日）。セブンの何が問題とされたのか。その強力なブラック度をあらためて検証する。**

セブン‐イレブン・ジャパンの受賞理由は「全国のセブン加盟店の見切り販売を妨害した」ことなどだが、受賞と同時に親会社のセブン&アイ・ホールディングスの株価が200円以上も暴落し、ヤフー株式掲示板には「セブン&アイは投資先にふさわしくない」などの書き込みが殺到、衝撃の大きさを示した。

一方、同じ驚きでも、当事者であるセブン加盟店主（オーナー）たちは「やっと貰ったか」、一般の人は「えっ、なぜセブンが！」という反応を見せる。逆に、メディアの反応はわかりやすかった。

最高裁は2015年9月、セブン-イレブン・ジャパンの加盟店への見切り販売妨害を違法と認め、賠償金の支払いを命じた。同年11月29日、東京都内で開かれたブラック企業大賞受賞式でこの裁判の経緯について話す元オーナーの佐々木則夫。佐々木は2014年3月に契約更新を拒否され、自分のセブン店舗を失った。（撮影／古川琢也）

## 大手メディアの沈黙

まず、『スポーツ報知』が発表直後の午後4時20分ごろ、ヤフーニュースに配信しトップニュースとなったが、なぜか20分後に削除され、関係者を唖然とさせた。

居酒屋・和民の「ワタミフードサービス」や「ヤマダ電機」のブラック企業大賞受賞を報じたスポーツ紙や夕刊紙も、広告大スポンサーで新聞や雑誌の販売店でもある〝天下のセブン〟だけに完全に沈黙。一方で、11月27日付の『日本経済新聞』には、働きやすい優良企業というブラックと真逆の「ホワイト企業」のお墨付きを与える記事が掲載され、「ブラック企業大賞受賞を見越した〝解毒剤〟か！」とネットユーザーの失笑を買った。

ブラック企業大賞とは、違法行為や過労死、不当な首切り・使い捨てなどで問題となっている企業を労働問題に詳しい弁護士や大学教授、労働組合関係者、ジャーナリストらが選出して公表する活動だ。２０１２年から始めてワタミやヤマダ電機が受賞。厚生労働省もブラックの疑いのある企業に立ち入り調査したり、学生のブラックバイト実態を公表するなど世を挙げて〝ブラック退治〟の方向にある。

ブラック企業大賞実行委員会は、今回の受賞理由を「セブン‐イレブン・ジャパンは、利益至上主義に走り、加盟店の見切り販売（弁当・おにぎりなど消費期限前の値下げ販売）を妨害して利益を搾取している。この結果、加盟店に十分な利益配分がなく、ブラックバイトを生み出す原因になっている」と説明。フランチャイズ（セブン側とオーナーとは別組織で一つの利益を分けあう関係）の仕組みを使った今までにない、大規模で悪質なケースと判断した。

また、岡山県労働委員会が14年3月に「加盟店主は労働者で、その労組のコンビニ加盟店ユニオンとの団体交渉に応じよ」と命じたが、セブン側はこれを不服として中央労働委員会に再審査を申し立て、この団交に応じなかった不当労働行為も今回の受賞理由だった。

## 見切り販売妨害に最高裁判決

実行委関係者によると、セブン‐イレブンは２０１１年から大賞候補の下馬評に上がっていたという。だが、フランチャイズという外部から検証できない特殊なビジネスであることから、評価が分かれていた。09年に公正取引委員会が、「見切り販売妨害は独占禁止法違反の優越的地位の濫用だ」と断定し、社会の風向きが変わった。これを受けて全国のオーナーたちがセブン本部を集団提訴し、最高裁判所から有罪判決も出た。今回はこれが後押しとなったのだ。

関係者が受賞の舞台裏を明かす。

「このブラック大賞は、公正性からどうしても裁判所の判決とか、行政命令とか公的機関のお墨付きが出なければ取り上げにくいんですよ。だから、岡山労働委の裁定が出たときも候補にのぼったんです。だけど、そのときは団交拒否なんてほかにも実例があると見送られていたんです。それが今年、見切り販売妨害の最高裁判決が出たことで、加盟店の利益を搾取していることが理解され、最終段階ではスンナリ決まったんです」

セブン‐イレブンのブラック性はこれだけではない。最悪のものが「ドミナント」と呼ばれる、商圏内にライバル店を出すやり方だ。セブン側は、「近くには出店しない」、「出店のときは相談する」などと言いながら抜き打ち出店をするのだ。要は騙《だま》し討ちだ。むろん、これも利益至上主義の計略である。

ドミナントで追い込まれて自殺したり、過労死、自己破産、離婚などが後を絶たない。すべてのモメ事はドミナントがきっかけになっているのだ。

## 今も平然と不当労働行為

見切り販売の妨害や不当労働行為は、今現在も平然と行なわれている。実例を二つだけ挙げよう。

福岡市内で三十数年間、セブン店を経営してきた赤川昌春《あかがわまさはる》元オーナー（脱サラ）は、ドミナントで売上が激減し、最後の手段で見切り販売に踏み切ったら14年3月いっぱいで契約解除（強制閉店・失職）になった。そのとき、「自己都合による閉店」という念書まで書かされているのだ。もちろん、これは裁判対策だ。

もう一つは、コンビニ加盟店ユニオンの池原匠美・執行委員長が、今審議中の中央労働委員会でセブン‐イレブン商法を否定したという理由で契約更新の拒絶を言い渡されていることだ。これこそ、憲法で保障された団結権の侵害であり、労働組合への弾圧である不当労働行為の最たるものだ。

さすがに、この池原委員長の契約問題は、ユニオン側弁護団の猛抗議によってセブン側弁護士が中労委の席で謝罪・撤回したものの、まだ予断を許さない。これが普通の加盟店なら赤川元オーナー同様、曖昧な理由でポイ捨てだろう。これがセブンのブラック企業としての真実なのだ。

## 飽和状態でも相次ぎ異常出店

だが、このブラック大賞で苦しい立場になるのが年中無休・24時間を切り回すオーナーだ。一般の人はフランチャイズなど関係ない。セブン－イレブン・ジャパン＝街のセブン－イレブンだからだ。

年間数日しか休めない現役オーナーが胸の内を明かす。

「われわれにとっては大変なことですよ、バイト従業員が来なくなるからです。〝ワタミ〟がそうだったように、『コンビニ、勤めるの？　ナンダ、ブラック企業に勤めるのかッ』となりますからねぇ。もろ刃の剣になるかも……」

実は、この24時間店だけでも世間で言う「ブラック」の条件を十分満たしている。なぜなら、全国のセブン店は鈴木敏文会長の大号令による「新店1800店」という異常なドミナントの犠牲になり、売上激減とバイト不足の二重苦で瀕死の状態だからだ。

セブン－イレブンの2010年からのドミナントは凄まじい。新店の開業状況は、11年が1

2011店、12年が1354店、13年が1579店、14年が1602店、15年が1700店（予想）だ。10年前まで年最高で630店のペースだったが、それが今や2・5倍。それでも鈴木会長は、「コンビニは飽和状態ではない。2万店でも3万店でも出す」と言い張っている。

全国のオーナーを取材すると、「あっちもこっちもコンビニだらけ、もう地獄だ!!」と悲痛な叫びが上がる。おそらく2016年には全国のコンビニ店舗数は6万店を超して〝共喰い地獄〟となろう。こんな「ブラックモンスター企業」を作り、加盟店主たちの生き血を吸いつづける鈴木会長の罪は重大だ。

## 大詰め迎える〝中労委対策〟か!? 伊藤名誉会長と安倍首相〝ランチ会談〟の舞台裏

**フランチャイズ加盟店主は「事業者」か「労働者」か。セブン-イレブンの「労使紛争」が中央労働委員会を舞台に大詰めを迎えている。そんな折、イトーヨーカ堂創業者**

の伊藤雅俊名誉会長が安倍晋三首相と会食した事実が表面化し、中労委対策かと憶測を呼んだ。中労委史上初となるフランチャイズ審判のゆくえを追った。

〈【午後】0時9分、伊藤雅俊セブン&アイ・ホールディングス名誉会長、的場《まとば》順三《じゅんぞう》元官房副長官〉（『朝日新聞』「首相動静」8日）

上／安倍晋三首相と会食していたイトーヨーカ堂グループ名誉会長の伊藤雅俊。安倍首相と1時間近く何を話していたのか……（公益財団法人伊藤謝恩育英財団HPより）。
下／伊藤名誉会長と安倍首相の2015年1月8日「ランチ会談」を報じた『朝日新聞』の「首相動静」。

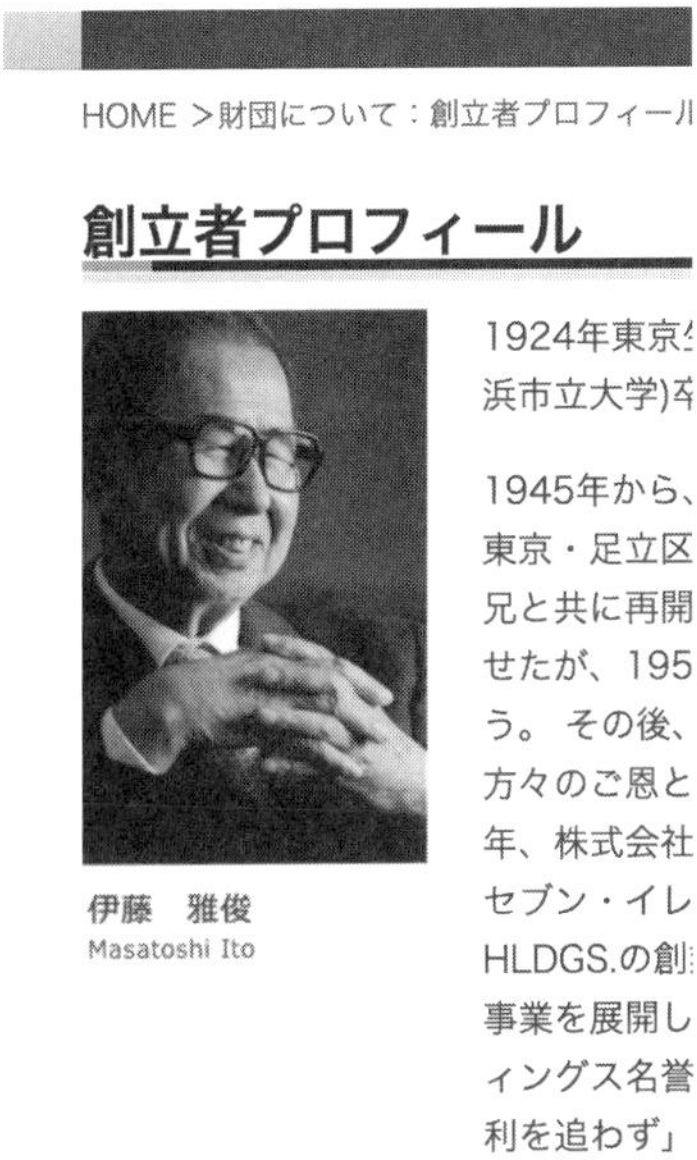
HOME ＞財団について：創立者プロフィー
創立者プロフィール
伊藤　雅俊
Masatoshi Ito
1924年東京
浜市立大学)卒
1945年から、
東京・足立区
兄と共に再開
せたが、195
う。 その後、
方々のご恩と
年、株式会社
セブン・イレ
HLDGS.の創
事業を展開し
ィングス名誉
利を追わず」

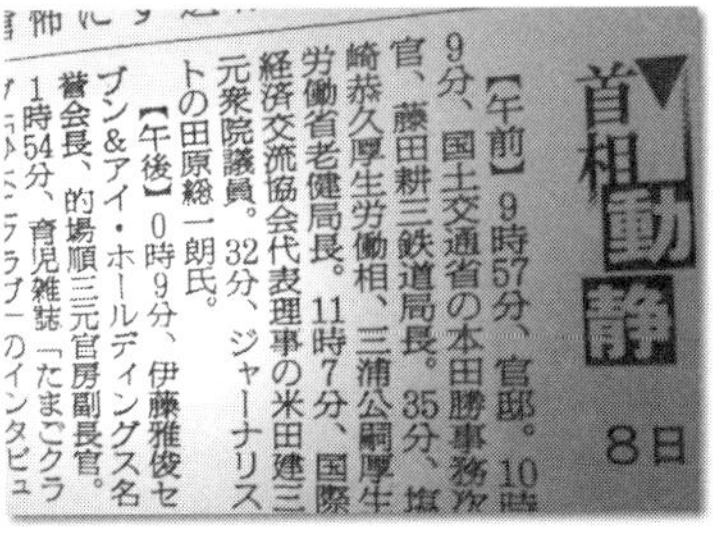
首相動静 8日
【午前】9時57分、官邸。10時9分、国土交通省の本田勝事務次官、藤田耕三鉄道局長。35分、塩崎恭久厚生労働相、三浦公嗣厚生労働省老健局長。11時7分、国際経済交流協会代表理事の米田建三元衆院議員。32分、ジャーナリストの田原総一朗氏。
【午後】0時9分、伊藤雅俊セブン&アイ・ホールディングス名誉会長、的場順三元官房副長官。1時54分、育児雑誌「たまごクラブ」「ひよこクラブ」のインタビュ

「ついに伊藤雅俊さんが動き出したかッ！」

『朝日新聞』２０１５年1月9日付の「首相動静」を見て、イトーヨーカ堂出身の現役オーナーがこう漏らした。現役引退して20年以上、90歳を超えたセブン&アイグループの大株主が、中労委の審議が大詰めを迎えようとするこの時期に時の最高権力者、安倍晋三首相と1時間以上も会食していた。

一体、何を話したのか。景気問題かＴＰＰ（環太平洋戦略経済連携協定）か。それともフランチャイズ問題か。

コンビニ加盟店ユニオンの関係者はこう見る。

「安倍さんは、コンビニ問題に理解のある長尾《ながお》敬《たかし》議員（比例近畿ブロック選出、民主党から自民党に移籍）と親しく、選挙応援にもいく仲です。だから、われわれの実状もよく知っているはず。伊藤さんが（この微妙な時期に）会ったのなら、ヨーカ堂グループもこんなに大きくなったので（公取委の排除措置命令や中労委問題で世間を騒がせているが）混乱しないよう（大株主として）収めますよ、とでも挨拶したのでしょうかね」

岡山県労働委員会でフランチャイズ加盟店主は「労働者」との裁定を勝ちとった奥津《おくつ》晋《しん》弁護士は、「中労委は独立性の高い国の行政機関ですが、（総理大臣や厚生労働大臣など）政治とのからみは正直よくわからない」と話す。

この日の〝ランチ会談〟にはもう一つナゾがある。後見人のように同席した的場順三元内閣官房副長官（大蔵省出身・元国土庁事務次官、81歳）の存在だ。安倍首相と親しい元大物官僚だが、伊藤名誉会長とはどんな接点があるのだろう。

## 鈴木会長退陣後の布石か

前述の通り、2014年3月、セブン＆アイ・ホールディングスには、米村敏朗元内閣危機管理監（警察庁出身の元警視総監）が社外取締役として官邸から天下っていた。この大物人事は、岡山県労働委員会で「労働者」との認定を受けて窮地に立った直後のことで、中労委対策かと憶測を呼んだ。

ここ5年ほどに起きた「セブン‐イレブン事件」をざっと整理しておこう。

▼09年6月、公正取引委員会から加盟店の見切り販売を妨害した事件で独占禁止法違反（優越的地位の濫用）で排除命令を受け、

▼13年8月に東京高等裁判所で違法判決を受けた。その後も、

▼14年3月、今度は岡山県労働委員会から「加盟店オーナーは経営の自由がなく労働組合法上の労働者だ」との命令が下った。この岡山裁定では、フランチャイズ契約を根拠にしたセブン本部の主張を「詭弁である」と、強い調子で糾弾していた。要は、加盟店主を契約で縛り、

「オーナー」と欺し、有無を言わせず年中無休の24時間労働を強いてきたと断定したのだ。ここれに追い打ちをかけるように、

▼15年4月16日には、セブン同様のフランチャイズ方式のコンビニエンスストア、ファミリーマート（東京・東池袋、中山勇《なかやまいさむ》社長）の加盟店主についても東京都労働委員会が「労働者」だと認定した。

わが国を代表するセブン（1万7491店）、ファミマ（1万1328店）の二大チェーン（2015年当時）のフランチャイズ商法が根底から否定され、コンビニ業界に激震が走った。つまり、セブン本部は今、「2234億円（15年2月決算）もの異常利益」を生む〝金の卵〟を守れるかどうかの瀬戸際に立たされているのだ。

伊藤雅俊名誉会長は、なぜ動き出したのか。

セブン－イレブンの内情に詳しい人物がこう解説する。

「伊藤さんは、公取委が入ったころから自宅に若手役員を呼んで情報収集をしていたんです。そのころから『労働（者）問題』が最大の問題だと考えていたんですよ。鈴木さんはああいう人（社長でも自分にタテつく人間は粛清する）ですから、役員連中に人望がありません。セブンの内部は面従腹背ですからねぇ。だけど、すべての元凶はセブンをつくった鈴木会長です。間違いない。古い役員はみんな知ってます。うっかり話すと工藤健さん（第4代社長、任期半ば62歳で失脚）、池田勝彦《いけだかつひこ》さん（社長候補の専務だったが57歳で失脚）みたいになる。だから

「ファミリーマート加盟店主は労働者」と認定した東京都労働委員会命令を受け、厚生労働省記者クラブで勝利の会見を行なうファミマ加盟店ユニオンの酒井孝典執行委員長（左から２人目）ら。

岡山県で命令の出たセブン事件と違い、ファミマ事件は東京での記者発表ということで多数のテレビカメラが入って華々しく報道された。

みんな黙っている。今はどのタイミングで〝政権交代〟するのか、じっと様子を見ているんでしょうね。中労委がどんな結論を出すにせよ、結局この問題を収拾できるのは大株主でオーナーの伊藤さんしかいないんですよ。『イトーヨーカ堂を救うには、鈴木のやり方（加盟店主を『オーナー』と欺すフランチャイズ商法）しかなかった。だが、もう、鈴木のやり方は変えなければならん』と、伊藤さん、ハラをくくったんじゃないですか。抵抗する加盟店主たちを潰して鈴木体制を支え続けてきた、あの萬歳教公元専務（現常勤顧問）も伊藤さんの側についたようです。伊藤家への大政奉還？　優秀な若手役員連中、みんな腹の底ではそう思ってるんじゃないですか」

何と、鈴木会長退陣後のシナリオがひそかに練られつつあった。「創業者は漬物石」との持論をもつ伊藤名誉会長がついに伝家の宝刀を抜いたのか。安倍首相の〝指揮権発動〟（側面支援）に望みを託したのか。その真偽はともかく、確かに公取委の摘発後の流れはそういう方向で動いた。

## 加盟店主の尋問がカギ

岡山県労委と東京都労委の裁定の根拠は、最高裁判決（２０１１年４月、イナックスメンテナンス事件）による労働者性の判断だった。

①会社の労働力として組織に組み入れる。
②会社が契約内容を一方的に決定した。
③報酬が労務提供の対価である。
④会社の依頼を拒否できる割合が少ない。
⑤会社の業務遂行の指揮監督下にある。

イナックス事件は、会社と業務委託契約を結んだCE（カスタマーエンジニア＝住設機器の修理技術者）を労働者と認定した画期的なもので、セブン－イレブン事件の審議の真っ最中に出され、岡山裁定にも大きな影響を与えた。

セブン事件とファミマ事件を担当する棗一郎《なつめいちろう》弁護士は、こう分析する。

「会社側は、フランチャイズ契約はライセンス契約であって、労務提供契約ではないと主張したんですが、フランチャイズ契約の形式のみで判断しないで、加盟者の就労実態を見て『労働者』と認定したのが最大の特徴ですね。ファミマの場合、一週間どういう働き方をしているか、細かく記録してもらい、何時間働いたか、会社からどんな指示が出たかなどを立証していったんですよ。セブンの場合も中労委で就労実態をどう立証していくか、加盟店主の証人尋問が今後の争点となるでしょうね」

こうした判断の背景には、働き方の多様化とともに弱い立場の労働者には保護を与えようという労働組合法の精神がある。労働者は労働基準法の解雇予告や残業代支払い、労災保険制度などが適用されるが、コンビニフランチャイズには適用されない。つまり、労働法の盲点をついて考えられた仕組みということができよう。

イナックス事件とセブン－イレブン事件の共通点は、ともに業務委託（請負）の関係だった点だ。その上でセブンの場合、ドミナントや、コンビニ会計（真実の仕入れ原価がわからず、廃棄食品からもチャージをとる仕組み）、24時間営業の強制、途中解約（反抗した加盟店主とは契約更新しない）など不当な縛りが数多く存在し、いわば労働者以下の扱いを受けている点だろう。これを岡山裁定では「加盟店主は契約内容や条件について一対一で交渉できる余地はなく、契約を解除する自由しかない」とまで断定した。

この点について、ユニオン幹部は中労委の審議にこう不満をもらす。

「われわれは会計問題（ピンハネ疑惑）とかドミナントとか、〝セブンの闇〟をもっと知ってほしいんです。われわれを経営者として認めていない証拠ですからね。だけど、弁護士さんにすると『その問題を労働委員会で訴えてもなぁ……』となるんです。だから、（中労委での審議の限界を感じて）内心もどかしい点があるんですよ」

これらの問題の方が労働者性よりさらに深刻かもしれない。加盟店の利益と経営を縛るセブン商法の本質だからだ。

## ユニオン幹部への人格攻撃

中労委の第4回審議は2015年6月18日に開かれ、証人尋問の取り扱いについて協議した。先の奥津弁護士は審議のゆくえをこう読む。

「セブン本部も岡山裁定では反省していて、とくに就労実態論では都合のいい『Aタイプ』（土地・店舗を自己所有）オーナーさんを（証人尋問に）出してきて、どれくらい稼働してるかとか、こんなふうに経営してるんだと、事業者性を立証してくると思うんですね。だけど、オーナーの数からいって大半のCタイプ（土地・店舗を所有しない脱サラ中心）は労働者性が顕著でしょう。だから、Aタイプがこうだと主張しても説得力はないでしょうね」

それとももう一つ、セブン本部は土壇場になって「OFCの業務日報」を出し、ユニオン幹部の人格攻撃を仕掛けようとしている。

別のユニオン幹部がこう打ち明ける。

「私たちがOFCと話したときの業務日報を証拠に出しているんです。そこには、『持論を展開して聞く耳をもたない』とか『前職のプライドが強く、ハナにかけている』とか『井阪社長からの警告文になんの反応も示さない』などと書いているんですよ。中には『狂人』とまで書いているものもあるんですよ（笑）。まあ、私たちがこんな厄介な人間なんだ、特別な人間たちなんだ、クレーマーなんだと印象づけたいんでしょうね」

これは、労働者か事業者かを見極める厳格な審査だ。その物証に「狂人」などという、人権侵害にあたる記述の日報を出してくる。それこそ、天下のセブン－イレブンのプライドをかなぐり捨てた醜態というべきものだ。

セブンとしては、理屈では負けるので「こんな特別なオーナー集団の申し立てなんですよ。普通のオーナーじゃないんです」「特殊なケースなんですよ」という、言わば論点逸らしの、相手を貶《おとし》めて同情を買う戦法なのだろう。「語るに落ちる」とはこのことか。これがセブン－イレブンの、いや、鈴木敏文商法の正体なのか。

一方で、２０１４年＝１６０２店、２０１５年＝１７００店も新店を出す拡大路線の最前線では、深刻なオーナー不足、バイト不足で悲鳴が上がっている。開店当日までバイト応募者ゼロという店が続出している。誰が見てもこの本部一人勝ち商法は破綻している。

# 脱サラオーナーが陥る〝コンビニ地獄〟妻はなぜ自殺したのか

**コンビニの覇者、セブン‐イレブンが新聞やテレビを使って創業40周年の大キャンペーンを展開した2013年。その年の初め、東京都内のセブン‐イレブン加盟店オーナーの妻が自殺した。派手なキャンペーンとは裏腹に、〝セブン帝国〟を築いた「鈴木敏文商法」の犠牲者がまたひとり、ひっそりと命を絶った。**

## セブン批判を自粛させる2225億円の広告宣伝費

「セブン‐イレブン創業40周年記念国内売上高3・5兆円。国内15800店舗。グループ総売上高9・8兆円。世界52000店舗。グローバルに展開するセブン&アイ・ホールディングス」

2013年11月14日、セブン‐イレブンのド派手な40周年記念のカラー見開き広告が全国紙を占領し、ド肝を抜いた。テレビにも連日、40周年コマーシャルが流れ、「みなさまのコンビ

莫大な広告費を投入し、全国紙に掲載された「セブン-イレブン創業40周年」の全面見開き広告。（2013年11月14日付の『朝日新聞』）

ニ」というナショナルブランドを印象づけた。

新聞・テレビなどへの大広告費はマスコミの批判を自粛させる。スポンサーの悪口は言えない、と。実際、2015年2月期のセブン&アイ・ホールディングスの決算によると、セブン&アイグループの宣伝装飾費（新聞・テレビ・屋外看板などの総広告宣伝費）は約1656億円、セブン-イレブン・ジャパン単独の広告宣伝費は約569億円と莫大な額にのぼっている。総額で2225億円だ。この巨額の宣伝費が新聞・テレビ・雑誌・出版物・インターネットなどにバラ撒かれ、「あのセブン-イレブンには触れない」という〝空気〟ができている。それが加盟店主の自殺まで引きおこす〝セブンの闇〟を覆い隠してしまうのだ。大手新聞もテレビも取材をしており、ウラ側を知っている。しかし、「権威筋」（検察・警察・公取委など）の手入れが入って、大事件としてハジけないと報道しない。

自民党の国会議員が、「メディアを黙らせるには広告費がなくなるのが一番。経団連などに働きかけてほしい」などと言論弾圧まがいの発言をする時代である。そのうえ全国のセブン店は、新聞や週刊誌の販売ルートでもあるので、「セブンを批判したら雑誌を撤去される」などと、日頃、安倍政権批判に血道をあげる硬派週刊誌の編集者も〝触らぬ神〟にしてしまう。

現実に、セブン‐イレブン会計の違法性を追及していた北野《きたの》弘久《ひろひさ》・日本大学法学部名誉教授（２０１０年６月没、大蔵省出身の税法学者・法学博士）は、２００５年７月、セブン役員が

国内1万5800店舗を誇るセブン-イレブンだが、その内実は……。
写真は東京都千代田区にある本社ビル看板。（撮影／『週刊金曜日』編集部）

『週刊エコノミスト』に乗り込み、セブンの会計批判の論文を改竄させるという言論弾圧を受けているのだ。セブン批判は、今やメディアの最大のタブーの一つになっている。このマスコミや加盟店主たちへの言論弾圧、言論統制の手口については後で詳しく触れたい。

フリーランスで取材活動をする筆者自身も、夕刊紙や週刊誌、テレビなどの担当者に「ウチでは鈴木敏文さんやセブン-イレブン批判などできないよ」「コンビニで雑誌売ってるからね」などとクギを刺されたことがある。まして、フランチャイズ契約で縛られたセブン-イレブン加盟店オーナーたちにとっては、その圧力たるや、われわれの想像を超えている。セブン本部にまさに生殺与奪の権を握られているからだ（セブン商法　問題の手口①「奴隷の契約書」参照）。

## 「家内が死んだのは……（脅しが）ゼロではない」

2013年1月、東京都内のセブン-イレブン加盟店オーナーの妻が自殺した。鬱病を患っていた。妻はドミナントで減収になった上、契約更新ができるか悩んでいた（セブン商法　問題の手口②「近隣への出店」参照）。

妻の死の悲しみが癒えないうち、加盟店オーナーの伊藤正《いとうただし》（仮名）は、一大決心で私のインタビュー取材に応じた。

「家内が死んだのは、それ（セブン本部の『契約更新できません』という脅し）が直接の原因

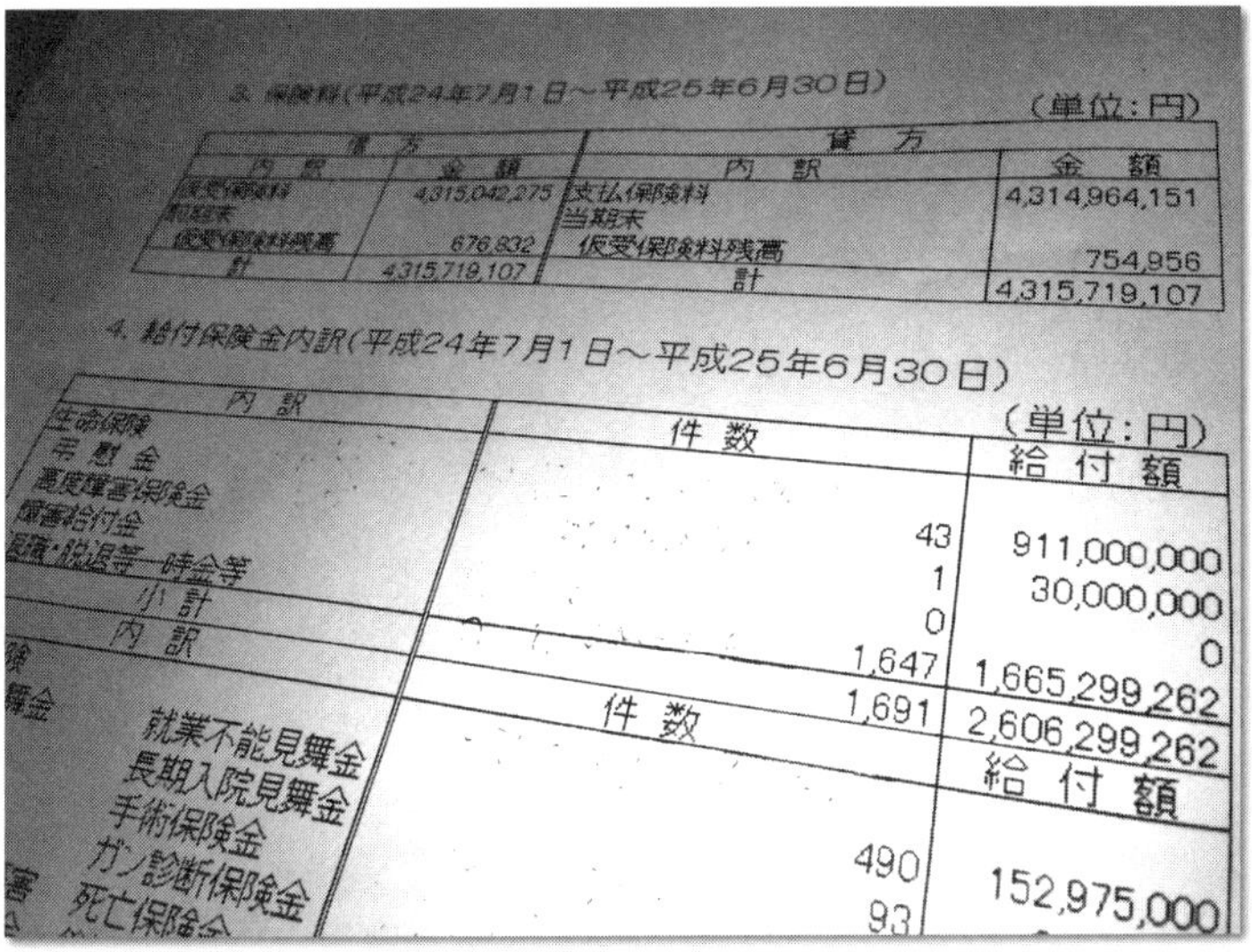


すべてのセブン-イレブン加盟店のオーナー夫妻が加入する「セブン-イレブン加盟店共済制度保険」の内部資料コピー。2012年7月1日から2013年6月30日までの1年間で43人に「弔慰金」が支払われている。

セブン商法 **問題の手口①**

# 奴隷の契約書

**フランチャイズ契約**

最大の問題は契約書をよく読まず、簡単にハンコを押して加盟契約してしまうこと。被害者の大半が契約に無知な脱サラ組だ。契約は圧倒的に本部が有利で、弁護士も「奴隷の契約書」と呼ぶ。提訴しても「契約の自由」とされて100％負ける。

ではないんですが、まあ、ゼロではないですねぇ……」

慎重な言い回しで、伊藤はそう打ち明けた。

病気か契約更新の悩みか。もちろん因果関係はわからない。だが、鬱の発症が過労や強度のストレスが原因の一つというのは医学の常識だ。

伊藤は、小売経営をよく知る優秀なオーナーである。イトーヨーカ堂出身の脱サラ組で、子どもが学校に上がり、転勤もなく夫妻で経営ができるコンビニに第二の人生を託した。実は、彼のようなヨーカ堂出身のコンビニ経営者は多い。彼らはセブンとヨーカ堂両方を経験しただけに小売に精通し、店舗経営の良し悪しを検証でき、かつ、セブン本部のやり方に厳しい目を持っている。

イトーヨーカ堂でバイヤーの経験もある伊藤正がこう口を開いた。

「もう、セブン‐イレブンのオーナーになって、鈴木敏文さんの言葉が180度違うんですよ、イトーヨーカ堂のころと違って。ヨーカ堂では、『値下げの根源は不良在庫だから在庫を減らせ！』と、みんな吊るしあげられたんですよ。在庫の多い店の店長など呼びつけられて、吊るしあげられたんです。ところが、セブン‐イレブンでは、逆に売上と品切れ（商品棚がスカス

セブン商法 問題の手口②

## 近隣への出店

ドミナント

元社員の証言では、日販80万円の繁盛店になると、近くに新店を出される決まりのようだ。当然、2店で売上を分け合うので、利益は縮小し食うや食わずの生活に。契約では、たとえ隣に新店を出されても文句が言えない。もちろん、これは本部の売上拡大のためだ。

カにならないよう、どんどん注文せよ）のことだけしか言わないんですよ。廃棄ロス（売れ残って処分する商品。加盟店が赤字を負担する）についてはいっさい触れないッ！　イトーヨーカ堂では、（ヨーカ堂が負担するので）８割ぐらい廃棄ロスのことを言って、純益が出ない店長は、『人間じゃないッ！　人にあらずッ！』と、こっぴどく吊るしあげられていたんですよ。まったく言ってることが（イトーヨーカ堂とセブン‐イレブンでは）１８０度違う。（それぞれの立場で言葉を使い分け）おんなじ人間じゃないようなんですよ。ビックリしましたよ。だけど、これはある意味では同じことを言ってるんですよ、自分の利益になることを言ってるんですから……。それにひどく面食らったというか、コッケイというか……」

全店直営のイトーヨーカ堂では、「在庫を減らして利益を出せ！」とハッパをかけ、フランチャイズ店のセブン‐イレブンでは、「廃棄を出しても発注し、在庫を増やせ！」と真逆の命令を出す。廃棄や在庫を自分で被るか、他人（加盟店主）に押しつけるかの違いなのだ。

もちろん、こんな姑息なやり方は経営などではない。伊藤正だけでなく、イトーヨーカ堂出身のオーナーはみんな同様の体験を語っている。

## ドミナントと契約更新で加盟店主をいいなりに

ヨーカ堂で経験を積み、セブンでも10年以上のキャリアがある伊藤は、経営データに強かっ

セブン本部の「見切り販売妨害」を違法と断じた控訴審判決後に会見するセブン-イレブン加盟店オーナーら＝2013年8月30日、司法記者クラブ。

た。伊藤の店舗は売上伸び率、利益率、在庫回転率などで平均店を大きく上回り、その手腕は税理士にも誉められたほどだ。

それが２００９年、至近距離（数百メートル四方）に2店もドミナントされて経営がおかしくなった。減収をカバーしようと、在庫を絞り、見切り販売（弁当・総菜など消費期限が迫った商品の値下げ販売）に踏み切った。これが「反セブン‐イレブン的行動」とされた。

ドミナント後、店に来るＯＦＣやＤＭ（ＯＦＣの上司＝地域指導員）と対立するようになる。セブン本部のやり方に不信感が強くなっていった。

２００９年6月、公正取引委員会が「加盟店の見切り販売を妨害した」と認定し、セブン本部に独占禁止法違反の排除措置命令を出した。それをきっかけに同年8月には、全国のコンビニオーナーが結集し、本部側と対等の話し合いができるよう「コンビニ加盟店ユニオン」（本部・岡山市）を結成した。1万数千人のオーナー（独立自営業者）がいるというのに、今までそういう組織も交渉の場もなかったのだ。伊藤もすぐユニオンに入って活動を始める。これがまた「反セブン的行動」だった。

そんな折、オーナー仲間の契約打ち切り問題が起こった。ドミナントを受け、２０１２年10月には契約更新時期が迫っていた伊藤は、ユニオンの仲間とともに立ち上がり、「不当解約だ！　即刻解除せよ！」とセブン本部に抗議した。これも鈴木敏文会長の逆鱗に触れたようだ。伊藤は、セブン本部が最も嫌う「モノ言うオーナー」だったのだ。

「見切り販売」と「ユニオン活動」。

この二つは現在、加盟店オーナーにとって最大のタブーである。なぜか？

この二つを解禁すると、鈴木敏文会長が40年かけて築いたセブン‐イレブン・ジャパンが、いや、セブン＆アイ・ホールディングスグループが崩壊しかねないほどの瀬戸際に追い込まれるからだ。

これらの解禁で加盟店側の利益はグンと上がるが、逆にセブン本部の利益が激減する。粗利益分配方式のフランチャイズだから当然である。そしてセブン‐イレブンの利益におんぶに抱っこの、セブン＆アイグループは壊滅的打撃を受けるのだ。

## 改善策の提案を拒絶「在庫700万にせよ」

勉強家である伊藤は、最適在庫でどう利益を出すか、商品廃棄をどう減らすか、そうした改善策を洗い出す作業をやろう、とセブン本部に持ちかけたが、すべて拒絶された。

繁盛店づくりは、商圏や店の特性に合わせて柔軟かつスピーディにやるのが大原則だ。その具体的なアイデアを持っているのがオーナーであり、オーナーの声を吸い上げて繁盛店モデルを考えるのがフランチャイズ本部の役割であるはずだ。

だが、セブン‐イレブンではそうではない。そうした提案も「セブン‐イレブンのイメージを壊す」とか「セブン‐イレブン・システム（セブン本部が開発した店舗経営の方法）のやり方ではない」、この一言で封殺されるのだ。

セブン本部の追い込みは巧妙だ。ドミナントと契約更新で攻め立ててくる。

契約更新の1カ月前、伊藤とDMとの間でこんなやり取りがあった。

「来月、契約更新はしません」

と、DMが伊藤に通告する。理由は総在庫額が少ないからだという。要は、もっと在庫を増やせというのだ。詳しく聞くと、東東京地区の在庫額ランクでかなり低く、平均在庫も著しく低い。商品数、在庫量とも不足しているというのだ。

そんなことはない。伊藤は、自分の店が平均を上回っているのを知っていた。

「なぜ、総在庫額しか言わないんですか。もっと詳しく説明してください。在庫が少ないのは、日夜、死に筋処理（売れない商品を絞った経営努力）に取り組んだ成果じゃないですか。商品棚に欠品もありません。今、目の前のパソコンで単品ごと洗いだし、何がどのくらい少ないのか検証しましょうよ」

そう反論してもＤＭは聞く耳をもたず、パソコンでの検証を拒絶した。ただ、在庫不足の一点張りだった。このＤＭのデータは捏造ではないか。

伊藤の店は、売上高伸び率でも利益率、在庫回転率、死に筋率、廃棄率などで平均店を上回っている。店は地域優良店なので、在庫不足だけで更新拒絶などできるはずがない。契約更新に名を借りた不当な圧力だった。

ここで読者は疑問に思うだろう。「独立の事業者」に在庫を強制していいのか、と。在庫をどれだけ増やすか、減らすか。どんな商品を発注するかは「独立の事業者」の重要な経営権だ。それを侵害している。もちろん、これは独占禁止法違反の典型だ。

だが、そんなことは百も承知なのだ。さらに、こうした密室でのやりとりを裁判で立証するのは非常に難しい。物証はセブン本部が握っており、「言った、言わない」の水掛け論になるからだ。そんな事情をＤＭは十分承知の上なのだ。街の店主などが裁判を起こしても、こちらがぜったい勝つ、と。

このセブン‐イレブン商法の、独禁法どころか、労働組合法違反である事実は後の章で詳しく触れたい。

伊藤も最後は「在庫を700万円まで増やせ！」と厳命された。

セブン‐イレブンの場合、販売の機会ロスをなくすよう、通常は在庫を1カ月500万円保有するよう指導される。その例から見ても、このとき伊藤に宣告された「700万円」という数字は過剰在庫、ムチャな押しつけである。これは独禁法が禁ずる「優越的地位の濫用」に抵触する可能性がある（セブン商法　問題の手口③「発注の強要」参照）。

伊藤の事情をよく知る複数のオーナーがこう証言する。

「700万円の在庫をかかえたら利益がガタ減りし、生活苦になりますよ。ウチなんか280万しかない。理屈に合わないイジメですよ」

「見切り販売妨害事件」（131ページ参照）の弁護団長、中野和子弁護士もこう証言する。

「どうしたら店が売れるようになるか、真剣に考えていないから在庫をとらせるんですよ。在庫はセブン本部の売上になるからです。オーナーさんから発注さえもらえれば、それで良しですからね。要は、この商売は発注だけの問題なんで

セブン商法 問題の手口③

## 発注の強要

**押しつけ在庫**

加盟店が発注した時点でセブン本部の売上になる。だから本部は「棚にもっとボリュームを！」「廃棄を恐れるな！」などと理屈をつけて発注を強要する。鈴木商法とは「どう発注させるか」なのだ。もちろん、これは独占禁止法違反だ。

すよ。どういう理屈で発注させるかなんです。店が何をどれだけ売りきったかというのは、セブン本部の計算の中に入っていないんです。セブンはリスクを全然とらないわけですから」

セブン‐イレブン商法の裏表を知る弁護士だけに、核心をついた指摘だ。

追いつめられた伊藤は、次のような陳情書をもって公正取引委員会に駆け込んだ。

〈私の店は、今年の10月で15年の契約更新となります。それに先立ち、ゾーン・マネジャーとディストリクト・マネジャーから①見切り販売は推奨しない②コンビニ加盟店ユニオンは過激団体なので活動は認めない――と通告されました。これに逆らったので「契約更新のハードルが高くなりますよ」と圧力をかけられています。そして最後は在庫を増やすよう理不尽な要求をされています。今、妻は先月より大学の付属病院にうつ治療のため入院中です。妻の病気とこのこと（セブン本部のユニオン活動への禁止圧力と契約更新の拒絶圧力）とは直接の因果関係は立証できません。妻は、今でも契約更新ができるのかかなり気にしています。これらが優越的地位の濫用にあたり、不当に加盟店の不利益を増大させていないか、どうか調査をお願いします。〉（筆者要約）

だが、〝最後の砦〟の公取委もまともに取り合ってくれなかった。公取委の対応は、たとえは悪いが、ストーカー殺人を防止できなかった警察のようなものだ。

## 妻の四十九日前に突然「契約更新しましょう」

契約更新の話し合いで東東京ゾーン・マネジャー（ゾン・マネ＝東東京地区の総責任者で取締役候補）が数回、説得に来た。ゾン・マネが動くとはただ事ではなく、彼の言葉は非常に重い。そして妻をこう責め立てたというのだ。

「『奥さん、ダンナさん、こんな過激なところ（コンビニ加盟店ユニオン）に入って、なぜ、得にもならんことするんですかねぇ』『ユニオンに入ったままだと契約更新のハードル高くなりますよ。奥さん、どう思いますか』などと執拗に責め立てたんですよ。家内は、一回も逆らったことはないし、（経営に）意見したこともない。それが、なぜ、そんなことするんですかねぇ、とゾーン・マネジャーに聞かれたとき、『義』があるからじゃないですかと言った。正義という意味ですけど。ダンナには『義』があるからプラスにならんことでもやっているんだと……。最初で最後にそう言った……。私がいま店を続けられるのも、その言葉があるからなんですよ」

このゾン・マネの「コンビニ加盟店ユニオンのような過激なところに入っていると契約更新のハードルが高いぞ！」との言動は、組合活動を弾圧する不当労働行為の疑いがある。「われわれに従わないと店の経営はできないぞ！」と脅すような発言は、最後の引導を渡すほどの意味があり、弱い立場の妻を責め立てて絶望に追い込み、鬱病を誘発させた可能性を否定できない。

やはり、宮城県でドミナントが原因で２００４年に自殺した佐久間正洋オーナーの場合も、ゾン・マネとＤＭら３人が妻を仙台事務所に呼び出して吊るし上げ、「もう契約更新はしないぞ！」と脅している。妻は絶望のあまり泣く泣く帰宅する。その後、佐久間正洋はオーナー仲間に「再契約されなくなったからもう終わりだわ……」と言い残し、自宅で首を吊って亡くなった。そして後に残された妻は、国道沿いの一等地に敷地１０００坪ほどの大駐車場付のセブン店オーナーに引き立てられたのだ。（詳しくは拙著『セブン‐イレブンの罠』金曜日刊を参照）

「奥さんって、どんなことがあっても家族や子どもを守る。土下座してでも守りますよね。どんな不条理でも受けいれます。ウチの場合もそうでした。今、ブラック企業って世間で騒がれてますけど、ブラック企業は辞めれば済む。だけど、われわれはもっと深いところで（契約書で縛られて）動けない……。家族まで死なせなければ（許してもらえない）……。（これは家族が）人質じゃないか……」

伊藤は、言葉を詰まらせながら、そうも訴えた。

妻は夫を信頼し一身を捧げて店を守ってきた。全国のセブン‐イレブンのオーナー夫妻は、24時間年中無休、夜中でも家族を犠牲に働いている。妻の立場はとくに弱い。それゆえ、店をやっていけないと思うとなおさら不安や悩みが強くなるのだ。

追い打ちをかけるようにセブン本部は予想外の措置に出た。３カ月の契約延長にしたのだ。

「延長」とは、15年の円満更新と違って4％のチャージ減額の恩恵がなく、月20万円ほどの減収になるのだ。さらにいつ打ち切られるのか、ビクビク脅えながら働き、明日が見えなくなる。

要するに、3カ月の〝死刑執行猶予〟のようなものだ。その間、見切り販売をやめ、ユニオンも辞めよ。頭を冷やしてわれわれに従え、と。契約更新のための「踏み絵」だ（セブン商法問題の手口④「反セブンに踏み絵」参照）。

伊藤は、入院した妻にそんな仕打ちの話は伏せた。どうしても話せなかった。妻がまた自分を責めて病気が悪化するのを恐れたのだ。

そんな騒動の真っ最中の自殺だった。

妻の死を察知したセブン本部は、仰天し、豹変する。

「四十九日が来ないのにいきなり本部に呼ばれて、『契約更新します』と……。だって四十九日前ですから、もう、そのとき、（妻の死の喪失と葬儀や初七日に追われて）自分はボォッとしてて、どうでもいい、というか、それどころじゃないときでしたから……。何があったのか？　と思って……。家内が死んだのは、それ（ゾン・マネの契約打ち切りの脅迫）が直接の原因ではないんですが、まあ、ゼロではないですねぇ……。（セブン本部は）それ（妻の自殺

セブン商法 **問題の手口 ④**

## 反セブンに踏み絵

**契約更新**

店の契約期間は15年。夫妻しか加盟できない。年中無休なので15年間、家族旅行もできなくなる。更新の1、2年前に「反セブン的言動」をチェック。これが本部に従わせる〝踏み絵〟になっている。従わないと更新できず、失業し収入が絶たれる。

に至るまでのドミナント・見切り妨害圧力・経営権の侵害・経営指導の拒絶・精神的な脅迫）を公にされるのが恐いと思ったのか……。豹変もなにも、（理由も言わずに）いきなりですよ」

伊藤正は、インタビューで「いきなり」という言葉を3回使った。いかに唐突な更新だったのか、またいかにセブン側も慌てて決めたのかがわかろう。

それは、「鶴の一声」、つまり、鈴木敏文会長の一存だったのか。

伊藤夫妻の悲劇は、鈴木敏文会長が考案したフランチャイズ商法が、いかに弱い人間を死の淵まで追い詰め、かつ、死によってあがなわせるという、何とも残酷非情な商法なのかを端的に表していまいか。これは、「商売」というより人間の尊厳を踏みにじる反社会的行為ではないのか。

伊藤正は、妻の死と引き換えに更新ができた。

## 「死亡弔慰金」件数を消し自殺の実態を闇に葬った！

自殺のケースは他にもある。

複数の有力オーナーに取材したところ、千葉県木更津市の君津中央病院前店の三谷真澄《みたにますみ》オーナー、宮城県の宮城大衡店の佐久間正洋オーナー、真冬の仙台埠頭の車の中で練炭自殺をした仙台旭丘3丁目店の山中洋一《やまなかよういち》オーナーだ。

このほか、名前と住所を特定しないなら十数件（北海道・宮城・千葉・群馬・長野・東京）の自殺情報を筆者は入手している。もちろん、これは出所不明の噂話などではなく、私が加盟店オーナーをインタビュー取材したとき、近隣オーナーの消息として明かされた、しっかりとした証言である。また、福岡市では２０１５年1月と5月、同一地域で2人のオーナーがストレスや過労で心筋梗塞を起こし、相次いで死亡したという痛ましい事件が起きている。

先の山中洋一は、インターネットでハンドルネームを「山縣」と名乗り、不法なコンビニ会計やピンハネ疑惑、ドミナント被害を告発し続け、多くの支持を集めていた。

私は、たまたま、彼の死の第一報をつかんだ日、奈良県のオーナーグループと税理士、司法書士に集まってもらい、セブン加盟店に東京国税局と大阪国税局が税務調査に入ったという怪事件の経緯を取材中だった。セブンの加盟店に税務調査が入ることなどありえない。セブン本部が国税庁よろしく、加盟店の会計をガッチリ握っているので、脱税などできない仕組みになっているからだ。ちょうど、公取委がセブン本部を独禁法違反でガサ入れした直後でもあり、闇に包まれた本部のピンハネ疑惑や不当なリベートの実態解明の調査なのか、と勢い込んで取材していた。２０１０年1月9日のことだ。

その10人ほど集まった取材の場で、山中洋一の自殺の件を報告すると、あるオーナーの妻が血相を変え、「いゃあ、衝撃的ニュースだわ、衝撃やわぁ！　衝撃やわぁ！」と怒りを全身に表し、何度も何度もくり返した。「山中さんは、私たちを導いてくださったんですよ、（セブン問題追及の）先駆者ですよ……」と涙声で話し、自殺するまで思い詰められた山中洋一の心情を思って悔しがった。

　実は、この山中洋一の自殺は、意外な反響を呼び、当時の民主党の長尾敬議員（現自民党）の耳にも届いたはずだ。イジメ防止法の国会質問の材料にするという理由で、長尾議員の関係者からの要請で、私の方から死因や死亡状況・遺体発見日時・葬儀告別式などの詳細をファクス送信したからだ。

　だが、長尾議員が山中の自殺を機にセブン問題に切り込んだという情報は耳にしていない。長尾議員は、あの言論弾圧まがいの発言をした渦中の議員のひとりだ（注）。

　ここで71ページに挙げた内部資料を見ていただきたい。

　すべての加盟店オーナー夫妻が加入する「セブン‐イレブン加盟店共済制度保険」がある。内部資料によると、２０１２年７月～２０１３年６月の１年間の死亡弔慰金の支払い件数は43件、給付総額は９億１１００万円に上っている。１年間で死亡したオーナー夫妻が40人を超えているのだ。２年前は支払い件数が35件、給付総額が８億４７００万円だったことから、ここ１、２年、死亡者数が激増していることがわかる。

　もちろん、この死亡件数は自殺だけではなく、過労や不慮の事故、病死などさまざまだろう。ただし、加入者の大半が30～50代の働き盛りである。平均寿命の、いわゆる自然死とは考えにくい。これは一体、何を意味するのか？　オーナー夫妻はれっきとした独立事業者でありながら、店舗だけでなくその生存もセブン本部に支配されているように見える。

ところが、私が最近入手した加盟店共済保険の「2013年7月1日〜2014年6月30日の給付保険金内訳」を前記の資料と見比べると――。

前年までは生命保険の死亡弔慰金の給付件数と給付額がハッキリ記載され、1年間で何人死んだかをオーナーたちに開示していたのが、私が『週刊金曜日』2014年1月31日号で伊藤正の妻の自殺をめぐる報道をし、世に問うたためか、2014年からは死亡弔慰金などの詳細な件数を表に出さなくなった。いわば自殺や過労死など「オーナー夫妻の死の真相」を闇に葬るという隠蔽工作である。

このセブンの行為は何を意味しているのか。

やはり、いかにオーナー夫妻の自殺や過労死が多いか、メディアで報道され、世間に知れ渡ることをセブン本部が一番恐れているのだ。妻の自殺で、急転直下、契約更新ができた伊藤正のケースもそうだが、佐久間正洋や山中洋一のケースでも、それこそ、手のひらを返し、数千万円の金や新店を提供するなど優遇の限りをつくし、自殺遺族の口封じを行なっているのだ。

裏を返すと、今のフランチャイズの仕組みが、いや、セブン‐イレブン商法が、いやいや、鈴木敏文会長が作り上げた、セブン&アイ・ホールディングスの一人勝ちの構造（セブン1社の利益で140社が潤うという異常な構造。これを『日本経済新聞』などは「1本足打法」などと囃《はや》し立てている）が、気の弱い加盟店主の自殺や過労死や離婚や自己破産と引き換えになし得ていることを、鈴木会長自身、とっくに悟っていることの表れである。だが、自分の手でこの搾取の仕組みを変えることはなかった。自分の罪を認めることになるからだ。だが、この〝カリスマ〟の暴走はついに急停車した。

## 亡き妻への弔い　中労委審問で証言！

伊藤正の妻の死から7カ月後の２０１３年8月30日、東京高等裁判所は加盟店主４人が訴えていた見切り販売妨害事件で、セブン‐イレブン・ジャパンを独禁法違反の優越的地位の濫用と断定し、総額１１４０万円の賠償金の支払いを命じた。これを受けて最高裁判所も、２０１４年10月、セブンの上告を退け、違法判決が確定した。

「見切り妨害なんてやってないッ！」「価格決定権は加盟店主にある！」と、セブン側は40年も言い張ってきた。だが、この主張が真っ赤なウソだったことが暴かれた歴史的判決だった。この裁判については後で触れる。

ここで大事なのは、妨害が店舗管理を受けもつ若いＯＦＣが自分の成績を上げるために勝手にやったのではないということだ。なぜなら、セブン‐イレブン会計が廃棄食品や棚卸損（万引きや破損での損失）の分にもチャージ（指導料）を支払わせるようになっており、廃棄を出せば出すほどセブン本部の収入が増える仕組みだからだ。もちろん、一般の会計はそのような仕組みではない。

つまり、加盟店に廃棄をどんどん出させて利益を上げるようになっているのだ。もっと言うと、弁当やおにぎりを値下げして売り切らせないで、「生ゴミ」として捨てさせることが、セブン本部の利益を上げる最良の方法なのである。このことは、公正取引委員会が行なったコンビニ本部と加盟店との取引実態調査でもはっきり確認されている。これがセブン‐イレブン会計で悪名高い「ロスチャージ」「ロスチャージ（奪われたチャージ・利益）」とか「ロスチャージ会計」「コンビニ会計」などと言われ、法廷でも大論争を巻き起こした詐術的会計の中身である（セブン商法問題の手口⑤「捨てる商品にも料金」参照）。だが、セブン本部は今でも、このロスチャージを認めていないのだ。

いったい、伊藤正の妻の死はなんだったのか。

（注）２０１５年6月25日に開かれた自民党「文化芸術懇話会」で、長尾敬議員（比例近畿ブロック）は「沖縄の世論はゆがみ、左翼勢力に完全に乗っ取られている」などと発言した。同日は、講師として呼ばれた作家の百田尚樹氏の「沖縄の二つの新聞社は絶対つぶさなあかん」という旨の発言も出た。

セブン商法 問題の手口⑤

## 捨てる商品にも料金

**ロスチャージ**

店の経営は「セブン‐イレブン会計」という特殊な会計を使う。売れ残ってゴミとして捨てる商品もオーナー側が原価を負担し、チャージ（指導料）が取られる仕組みだ。一般会計では捨てた分にチャージは掛けない。大半のオーナーがこの「コンビニ会計」を知らずに加盟店契約をしている。

第三章

# セブンと闘うオーナーたち

## 店舗オーナーが起こしたリベート返還請求訴訟①

# 異常な利益の裏に潜むピンハネ疑惑

**セブン‐イレブンは異常なほどの利益を上げているが、その裏に潜むのが仕入代金やリベートなどのピンハネ疑惑だ。創業以来、加盟店オーナーたちは仕入れ先からの請求書・領収書が見られず、仕入れ実態が闇に包まれている。そこにどんなカラクリがあるのか。加盟店夫妻が起こした「ピンハネ裁判」を紹介しながら、その闇に迫る。**

### 吉田友子が起こした裁判

２０１３年８月、東京高等裁判所はセブン本部の見切り販売の妨害を独占禁止法違反と断定した。翌14年３月には岡山県労働委員会が「オーナーたちは経営権のない労働者」と衝撃的な判断を下し、セブン商法の実態が次々と暴かれている。

## コンビニ大手5社と主要企業の利益率の比較

| | | 売上高（単位100万円） | 営業利益（単位100万円） | 利益率（%） |
|---|---|---|---|---|
| コンビニ5社 | セブン-イレブン | 679,561 | 212,785 | 31.31 |
| | ローソン | 485,247 | 68,126 | 14.04 |
| | ファミリーマート | 345,603 | 43,310 | 12.53 |
| | サークルKサンクス | 148,505 | 10,952 | 7.37 |
| | ミニストップ | 146,075 | 4,639 | 3.18 |
| 自動車 | トヨタ自動車 | 22,064,192 | 1,320,888 | 5.99 |
| 食品スーパー | ライフコーポレーション | 519,941 | 7,402 | 1.42 |
| 乳飲料 | 森永乳業 | 591,197 | 10,166 | 1.72 |
| ハンバーガー | マクドナルド | 294,710 | 24,780 | 8.41 |
| 持ち帰り弁当 | プレナス | 141,589 | 6,474 | 4.57 |
| 100円ショップ | キャンドゥ | 62,668 | 2,182 | 3.48 |
| ドラッグストア | マツモトキヨシ | 456,311 | 19,687 | 4.31 |

出典：『月刊コンビニ2014年5月号 決算特集』、『会社四季報』。
コンビニ各社は2014年2月期の決算。他は2012、2013年の決算。

これら注目の判決に隠れ、２０１４年1月27日には東京地裁でセブン‐イレブン・ジャパンを相手取った一つの損害賠償裁判がひっそりと終わった。セブン加盟店オーナーである吉田友子《よしだともこ》（仮名）が起こした、販売リベート返還請求事件。いわゆる「ピンハネ裁判」である。

裁判では、セブン本部が長年隠し続けたリベート契約書を提出させることに成功したものの、ピンハネ実態を立証できずに棄却。吉田は4年もかけた裁判に疲れ、失望し、控訴を断念した。

疑惑は未解明のままだが、それだけではない。セブン本部は裁判に出したリベート契約書などの証拠品に閲覧制限（第三者の閲覧や入手を禁ずること）をかけ、問題を闇に葬り去ろうとしている。

## セブン本部の利益率31％　加盟店はわずか1・5％

裁判に触れる前に91ページの「利益率の比較」表を見ていただきたい。

際立つのがセブンの異常利益だ。２０１４年2月期の営業利益は約２１２８億円で過去最高を記録、利益率は31・31％である。高い利益率のコンビニ大手5社の中でもずば抜けて高い。

セブン本部は、この異常利益率を１９８２年の累進チャージ（利益が増えるのに連動して本部の取る指導料も増える仕組み）導入後30年以上、維持し続けている。景気動向に関係なく、営業利益率30～40％という信じがたい数字を上げている。加盟店をどんどん増やし、本部に異を唱える店をつぶし、利益を吸い上げてきたのだ。

世界に冠たるトヨタ自動車も利益率は約6％だ。食品、乳製品、弁当、雑貨、ドラッグ商品などコンビニと競合する分野のトップ企業も利益率は2～8％台。これが日本のトップ企業の儲けの目安である。いくら商品力やバイイングパワー（巨大な販売力を背景にした強い仕入れ・購買力）があるとはいえ、利益率30％台などというのは桁外れで、裏に何かがあると疑われる数字なのだ。

しかも、街のセブン店は薄利多売の小売業だ。客単価平均700円。5円、10円の儲けをあてこむ商売である。食品スーパーの「ライフコーポレーション」や100円ショップの「キャンドゥ」などと業態が近い。実際、セブン発祥会社のイトーヨーカ堂は売上1兆3322億円に対し経常利益が152億円、利益率は1・1％にすぎない。

セブン本部の異常な高利益率に対して、加盟店はどうなのか。

吉田友子の店は東京・飯田橋のオフィス街にあり、立地は良かった。日販約63万円、年商は2億2900万円にも達した。だが、前記した「累進チャージ」という仕組みのため、夫妻2人の手取り分は年間350万円ほど。年中無休、夜中も身体を壊すほど働いても、1人の年収はわずか175万円。利益率にすると1・5％だ。月500万円の粗利益があってもセブン本部が375万円を取り、加盟店には125万円しか入ってこない。この中から家賃、消費税、法人税、バイト料、広告費などを差し引くと、加盟店の利益率は1％前後にしかならない。

友子はこう証言する。

「時給換算だと200円とか300円です。店は赤字ではないんですが、とにかく夜勤のバイトが全然集まらず、時給1000円出したら赤字で、850円だと人が来ない。夜勤の派遣会社を使うと1500円にもなる。結局、外国人ばかりになり、彼らに夜勤を任せられなくて、労働基準法違反とわかっていても夜中一人態勢でやっていたんですよ。何だろうこの地獄は……と思いましたね」

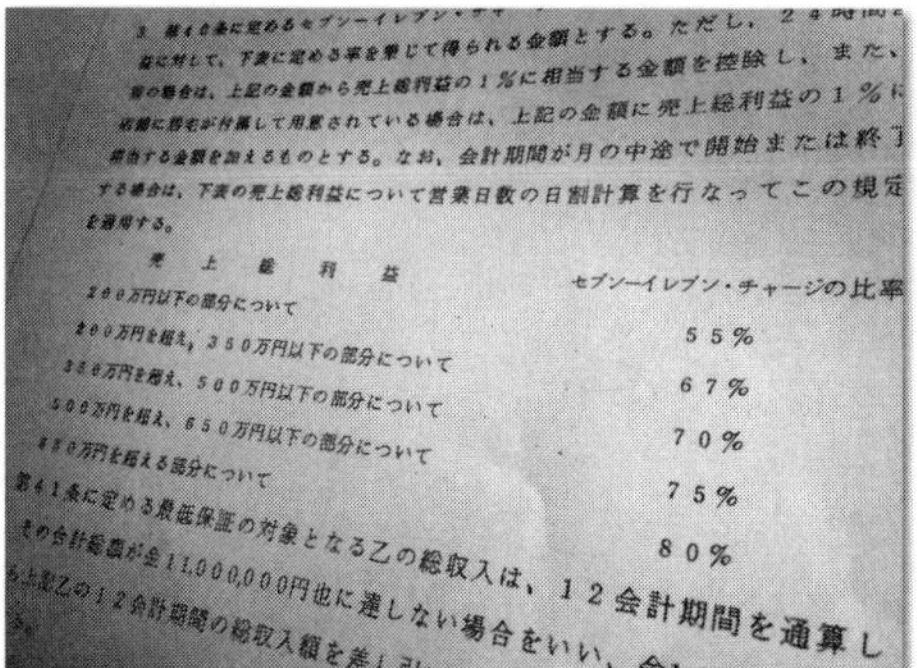


上／東京の都心。吉田夫妻が経営していた「セブン-イレブン飯田橋4丁目店」は現在も千代田区目白通り沿いにある。数百メートル以内にセブン店舗は3店。他のコンビニチェーン店もひしめく。
下／セブン-イレブンの「累進チャージの搾取率」を示した加盟店基本契約書の付属明細書。「売上総利益」に応じて55％から80％もの「チャージ比率」が明記されている。セブン商法の最大のピンハネ疑惑とされる。

## エンジニアから転身　悠々自適のはずが……

吉田夫妻がセブンに加盟したのは2001年6月。夫の典夫（仮名）は三菱自動車の開発マンだった。大学院の理工学部を出てエンジンの燃料噴射ポンプの特許も取った。友子は現役の建築士だった。

それが、世間を騒がせた三菱自動車のリコール隠し事件（2000年に発覚）で歯車が狂った。リコール処理の品質管理部にいた典夫は、大企業の消費者不在の対応に心身をすり減らす。生一本なエンジニアだった典夫は上司に直言したが聞き入れられず、絶望する。救いを求めて読み耽《ふけ》った経営書の中にセブン‐イレブンの礼讃本があった。

友子が当時をふり返る。

「国友隆一《くにともりゅういち》さんなんかの本を読み、夫は『セブン‐イレブンをやる！』って言い出したんです。『大企業の硬直したところはもうダメだ』と。私は『冗談じゃない』と大反対。商売っ気もないのに、やるころにはセブンの本が5冊ありました。いろいろ経営を研究し、鈴木さんは立派な経営者だ！と（笑）。夫がそのころ言っていたのが、『セブンは最大手でフランチャイズの先駆者』『売上も右肩上がりで発展してる』『自分で采配をふれる一国一城の主だ』と」

2000年は、バブル崩壊後の「失われた10年」の時代。リストラで漂流する大量の脱サラ組をターゲットに、セブン本部は加盟店募集の大キャンペーンをくり広げ、書店にはセブンの成功や鈴木敏文の「カリスマ経営」を礼讃する本が並んでいた。

一方、セブン加盟店オーナーの伊藤洋《いとうひろし》・美沙子《みさこ》夫妻を中心に、コンビニ会計を糺す「ロスチャージ事件」の集団提訴が始まろうとした時期で、これが09年のコンビニ加盟店ユニオンの結成につながる〝セブン－イレブン・オーナーの乱〟の前夜でもあった。

典夫は当時50歳。早期退職上乗せ金1000万円をもらった。セブン店舗を経営し満期契約15年になると65歳で、年金が満額出る。その後は悠々自適の老後……。そんなバラ色の人生設計を描いた。セブン本部のオーナー勧誘の術中に嵌《は》まったのだ。

## 本当の仕入れ値が「表示できない」!?

ＪＲ飯田橋駅東口から徒歩数分、目白通り沿いの「飯田橋4丁目店」は大当たりだった。近くにセブン－イレブン店がなく、開店初日には2600人の客が押しかけ、99万円を売り上げた。

開店から1カ月経った頃、お茶やコーラ、カップラーメン類の仕入れ値が加盟前の説明よりかなり高いので不審に思った。友子が店舗指導の担当者に「なぜこんなに高いの？」と聞くと、担当者はこう答えた。

「ストア・コンピュータ（SC）に表示した仕入れ値は正確ではないんです。多くは後でリベートとして戻ってくるんですよ。セブンの仕入れ掛け率は、ライバルチェーンが最も知りたい情報。だから、すぐ辞めるバイトでも見られるSCには本当の仕入れ値が表示できないんです」

二人とも商売の素人。レジに触ったこともない。仕入れ利益は後日、リベートとして戻ってくるという説明に納得した。それというのも、加盟前、小売価格やリベートに関して、セブン本部経営委託部の「榊原茂樹《さかきばらしげき》」とこんなやり取りがあったからだ。

「何も知らない方がいいんです。店を続けるにはオーナーが週2、3回、夜勤に入れる体力と、本部で研鑽を積んだ優秀なOFCのアドバイスを忠実に実行できれば成功は間違いありません。セブンはバイイングパワーで全国どこよりも安く仕入れ、定価販売するので利益が大きくなるんです。全国8000店（当時）が一斉に注文するんで、メーカーにとってセブンの威力は絶大なんですよ」

そのとき「榊原」は、〈加盟店はセブン本部に関係なく自由に仕入れ先を決められ、小売価格も強制されない〉旨のフランチャイズ契約書の記述について、こんな話をしたという。

「この契約書の文章は公取委対策です。こう書いておかないと、独占禁止法違反になるからです。でも現実にはこんなこと不可能ですよ」

これは「セブン本部が独禁法違反を承知の上で契約書を作っていた」と告白したのに等しい。

だが、当時の二人にはセブン商法を見抜く力もなく、相談する仲間もいなかった。年中無休の

## 〝ピンハネ疑惑〞4つの闇

### 1 なぜ加盟店主に仕入れ品の請求書と領収書を渡さないのか?

ピンハネ問題の最大の闇は、日本でコンビニエンスストアが始まって以来40年間、加盟店主たちはいくらで仕入れ、いくら支払ったのか、原価の実態を誰も知らないという仰天の事実だ。2014年4月に来日した米国セブン加盟店協会シカゴ代表のハシム・サイードは、「米国では請求書も領収書もすべてもらえる。日本のやり方は犯罪だ!」と指摘した。

### 2 なぜ加盟店主にリベート額や分配方法を教えないのか?

「対等のパートナー」とされる加盟店主がリベートの実態を知らされていないのも問題だ。リベートについて聞くと、セブン社員はあの手この手ではぐらかす。加盟店側はチェックも一切できない。仕入れ各社と交わした「リベート契約書」自体、裁判で最高裁まで争ってやっとセブン本部側は開示したが、閲覧制限をかけ関係者以外は現在でも秘密となっている。

### 3 なぜ仕入れ値がスーパーの店頭価格より高いのか?

全店で3.7兆円ものバイイングパワーがありながら、仕入れ値がスーパーの店頭価格より高いという摩訶不思議な事実。鈴木敏文会長はオーナー懇親会で「われわれはコカ・コーラを日本一安く仕入れた」と豪語したが、実際の仕入れ値には変動がなく、トップの詐欺まがいの説明が現在でもそのまま通用している。

### 4 「協賛金」などの名目で仕入れメーカーから還流?

裁判では「協賛金はリベートではない」とのセブン本部側の主張が通っている。このためプライベート・ブランド「セブンプレミアム」の中に協賛金とか開発費とかの名目でピンハネしている疑惑が新たに生じている。セブン本部が仕入れと会計のすべてを握る、「コンビニ会計」のカラクリを解明しない限り〝闇の利益〞の全容は解明できない。

24時間店を切り回すだけでクタクタになっていた。

## 「なんでセブンの嘘が見抜けなかったのか」

「大船に乗ったつもりでいてほしい」

筆者が取材した脱サラオーナーたちは、セブン社員のそんな自信満々の話に説得されている。「大成功したセブン‐イレブン」「全国8000店」などの言葉に惑わされただけではない。当時も今も、フランチャイズ・ビジネスの本質が理解されず、加盟店オーナー自身がコンビニ会計について認識不足という実情もある。

友子は語気を強める。

「夫も（仕事では）契約書とか規則とか、ちゃんとしないといけないとやっていた人なんです。なんでセブンの嘘が見抜けなかったのか。私も建築士の仕事では必ず契約書を作り、重要事項説明とかも知っていた。まさか会計の仕組み（コンビニ会計）が悪いなんて考えもしないですよ。儲けが出ないのは自分たちのやり方が悪いと思うじゃないですか。だから（最後は）ほとんど夫婦ゲンカになっちゃって……」

こうして提訴に踏み切るが、裁判はその後二転三転することになる。

## 店舗オーナーが起こしたリベート返還請求訴訟②

# 鈴木会長は〝嘘〟をついたのか!?

**セブン-イレブンは創業以来初めてピンハネ疑惑で訴えられた。裁判で東京高裁は、リベート解明の手がかりとなる「販売報奨金契約書」の提出を命じた。だが、セブン側はいったん開示したこの重要証拠に閲覧制限をかけて封印したのだ。そこまでして隠し通そうとする〝秘密〟とはなにか。**

### 告発で白日に晒された「リベート契約書」

女性たった一人でセブン-イレブン・ジャパンのピンハネ疑惑を告発した吉田友子の裁判の経過をまとめると 次ページの〈表〉のようになる。

吉田が裁判を起こしたきっかけは、提訴の前年（2008年）7月に最高裁から画期的な判断が出されたことだった。

## ピンハネ裁判の経過

| | |
|---|---|
| 2008年7月 | 最高裁が、関連訴訟において、セブン本部は仕入明細の報告義務があると断定。 |
| 2009年10月 | 吉田友子がセブン本部にリベート返還を求めて東京地裁に提訴(いわゆるピンハネ裁判)。 |
| 2010年2月 | 吉田が、ピンハネ裁判とは別にリベートの原契約書の開示訴訟を起こす。 |
| 2012年4月 | 東京高裁が、セブン側の契約書開示不服申立てを棄却。契約書の開示が確定。 |
| 2014年1月 | 東京地裁がピンハネ訴訟の棄却を決定。同時に契約書の閲覧制限も決定。 |

## ピンハネ裁判の主要争点

## リベートは誰のものか?

### オーナーの主張

原告

セブン本部との契約は、オーナー側に有利な条件で仕入れるよう、本部に価格交渉を委託しているにすぎない。一方でオーナー側は、独自に仕入れることも価格交渉することも許されていない。このため本部にはオーナーの利益になるよう最善を尽くす「善管注意義務」がある。だが、現実には本部はリベートの全容(リベート契約書)を開示せず、一部をピンハネしていた疑いがある。

### セブン本部の反論

被告

リベートは、本部側が全加盟店の商品仕入量と金額をバックに仕入先との契約に基づく販売協力の対価として支払われたものだ。そもそも個々の加盟店は値引き交渉の当事者になれない。仕入先からのリベートはすべてオーナー側に分配しており、原告が主張するリベート額と訴訟理由には根拠がない。

### 裁判所の判断

セブン本部と加盟店は独立の事業者である。セブン店の経営は、オーナーの責任と手腕で行なうもので本部推薦の仕入先からの仕入れを強制されてはいない。契約では、個々の加盟店が仕入先と価格交渉することを想定しておらず、加盟店は価格交渉の当事者ではない。従ってリベートはセブン本部のフランチャイズ事業を通じて還元されるもので、訴訟の前提を欠いている。

※ 東京地方裁判所の判決文や裁判資料、原告オーナー、担当弁護士へのインタビュー取材を基に作成。

「セブン本部は仕入れ代金の支払い明細（仕入原価・リベートなど）を加盟店に報告する義務がある」

それならセブン本部はリベートの全容を開示しなければならない、と吉田は考えた。しかし、裁判では、次ページの主要争点でもわかるとおり、セブン本部は契約書をタテに売上金もリベートも本部のものだと主張した。フランチャイズ・システムを開発・運営したのは本部だからという理屈である。東京地裁の裁判官もほぼこの考えに同調した。

東京地裁は「セブン本部と加盟店は独立の事業者」だと認めながら、吉田の主張を証拠不十分として棄却した。これは、過去のセブン－イレブン裁判を一切無視した不当な判決と言っていい。確かに証拠は不十分だろう。なぜなら、すべての「証拠」はセブンの手の中にあるからだ。

だが、この裁判の最大の成果は、仕入先と仕入割戻し金（リベート）の内容を取り決めた「販売報奨金契約書」と「特別条件書」の存在を突き止め、東京高裁でその文書開示を勝ち取った点である。それまで最高機密だった「リベート契約書」を白日の下に晒すことに成功したのだ。

当初、セブン本部は「リベートはすべて分配済み。仕入先との契約書を出しても立証できない」「この契約書は職業秘密文書だ」などの理由で公開を拒んできた。だが、この契約書こそ、リベート解明の手掛かりになるものである。これがなければリベート実態がわからず、ピンハネ裁判そのものが成り立たないのだ。

ところが、セブン本部は判決後、一度法廷に出したリベート契約書に閲覧制限をかけて闇に葬ったばかりか、原告オーナーにも口封じをした。だが、いったん解禁されたリベート契約書は、今後のセブン本部とのさまざまな交渉や裁判などで重要なカギとなるだろう。

## 全国加盟店主に自慢した「日本一安い」発言のウソ

ピンハネ裁判にはもう一つ、隠れた疑惑がある。それは「真実の原価はいくらか？」という、創業以来セブン本部が隠し続けてきた超ド級の疑惑だ。いや、リベートなどよりこの方がはるかに巨額で悪質である。

吉田友子が仕入原価疑惑の核心をこう暴露する。

「平成14（２００２）年7月ごろ、横浜アリーナを貸し切ったオーナー懇親会（年1回のセブン本部と全国加盟店主との会議）で、鈴木敏文会長がこう自慢したんですよ。『みなさん、このほどコカ・コーラを日本で一番安く仕入れることに合意しました。みなさんも店に戻って楽しみに待っていてください』と。社員も『日本一安く仕入れて定価で販売するから、利ざやがすごく大きい。だから小さい店で二十数人使ってもやっていけるんです』と説明していたんです。それを聞いて私も、どんなに原価が下がるのか注意していたんですが、その後なんの変化もなかったんですよ、高いままで……。加盟前の説明では、『本部はチャージ（指導料）以外とりません』とハッキリ言っています。そう聞いたから加盟したのに、その話は嘘だったんですよ」

この「コカ・コーラ発言」は、筆者も複数の加盟店主から聞いた。

鈴木会長は、セブン‐イレブンの生みの親だ。その絶対権力者が「オーナー懇親会」という公式の場で、しかも「仕入原価」という経営の重要情報で「嘘」をついたというのだ。フランチャイズの基本である本部と加盟店との信頼関係を、鈴木会長自身がぶち壊す背信行為をしたに等しい。

前項で紹介したOFCのごまかし説明といい、経営委託部「榊原茂樹」の詭弁といい、加盟前と後では180度異なる言動である。もちろん、これは公正取引委員会が定めた「フランチャイズ・ガイドライン」に抵触し、「欺瞞的顧客誘引」と「優越的地位の濫用」に当たり、独占禁止法違反の疑いが濃厚だ。

## 加盟店と仕入れ先を泣かせて異常な利益

筆者は複数の現役オーナーの協力で「店で人気の16商品の仕入原価とスーパー店頭価格」を調べた。それを一覧にしたのが106ページの〈表〉だが、驚くことにセブン店の「人気16商品中10商品」がスーパーの店頭価格よりかなり高い仕入原価だったのだ。実に6割以上の商品原価がスーパーの店頭小売価格より高い。

若者に人気の「缶コーヒー」「ポテトチップス」「三ツ矢サイダー」などは一般的なスーパー

に較べて3〜4割も高く仕入れされている。「スーパードライ」などの人気ビールも1割近く高い。「日本一安く仕入れている！」と鈴木会長が豪語した「コカ・コーラ（1・5リットル）」はスーパー店頭価格より36％も高い。全国1万6500店（2014年当時）のセブン店舗は、逆に「日本一高い仕入れ」を強要されている可能性が高い。

現金問屋の仕入れに詳しいセブン‐イレブン店オーナーの浜田泰男《はまだやすお》（仮名）が驚愕のカラクリを明かす。

「実を言うと、回転の早い缶コーヒーについて、他の飲料メーカーの人から『直接仕入れるなら48円で出しますよ』と言われたんですよ……」

浜田は、数年前に現金問屋でその飲料メーカー「ポッカ」の首都圏営業部長と交わしたやり取りを打ち明けた。営業部長の話では、缶コーヒーはバーゲンの目玉で現金問屋では原価を42円まで下げているという。

「『セブンさんも、それなりの量なら48円まで下げますよ』と。『えッ、そんな値段までできるんですか』と聞いたら、そっと小声で『実を言うと現金問屋はもう42円とか40円でやっているので、ウチはそれに上乗せできればいくらでも……』と本音を言ったんです。それでこっちも、『実を言うと、僕ら70円台で仕入れているんですよ』と言った途端、『ええっ！』とビックリして、固まってしまいました。『ちょっとそれ〝裏〟がありそうですね』と言ったきり、もう何も言わなくなったんです。それっきり部長は姿を現さなくなりました。要するに、現場の部長

スーパー販売価格より仕入れ値が高い!?

## セブン-イレブン加盟店の仕入原価とスーパー店頭価格の比較表

| 商品名　メーカー名 | セブン-イレブン 仕入原価（円） | セブン-イレブン 店頭価格（税込・円） | スーパー 店頭価格（税込・円） |
|---|---|---|---|
| ポテトチップス（85g）カルビー | 97▲ | 152 | 73 |
| あんぱん（1個 高級つぶあん）山崎製パン | 71 | 103 | 95 |
| お〜いお茶（525mℓ）伊藤園 | 85▲ | 125 | 68〜82 |
| ポッカコーヒー（一缶）ポッカコーポレーション | 82▲ | 123 | 55〜62 |
| ワンダモーニングショット（一缶）アサヒ飲料 | 75 | 123 | 81 |
| コカ・コーラ（1.5ℓ）日本コカ・コーラ | 188▲ | 307 | 138 |
| カップヌードル（一個）日清食品 | 130▲ | 173 | 128 |
| ペヤングソースやきそば（一個）まるか食品 | 129 | 165 | 138 |
| ペヤング超大盛やきそば（一個）まるか食品 | 170 | 221 | 203 |
| カルピスウォーター（500mℓ）カルピス | 93▲ | 151 | 79〜94 |
| 三ツ矢サイダー（1.5ℓ）アサヒ飲料 | 196▲ | 307 | 152 |
| 雪印コーヒー（1000mℓ コーヒー牛乳）雪印メグミルク | 105 | 152 | 112 |
| 明治おいしい牛乳（1000mℓ）明治 | 209 | 254 | 227 |
| スーパードライ（350mℓ）アサヒビール | 184▲ | 221 | 171 |
| スーパードライ（500mℓ）アサヒビール | 242▲ | 286 | 227 |
| アタック（洗剤900g）花王 | 283▲ | 379 | 281 |

［注］「スーパー店頭価格」は、筆者と複数のセブン加盟店オーナーが2014年7月15日現在で調査。ダイエー、西友、九州の大手スーパー、大手ドラッグストアでの店頭小売価格。
▲印はスーパー店頭価格より仕入原価の高い商品で、16品中10品もあった。

もわれわれの原価を知らなかったんです。だからセブン本部と本社との特命取引で仕入れているんですよ」

直接取引で返品なしなら原価40円で仕入れられる。今、セブン店で買える缶コーヒーの原価は82円だから、差額42円はすべてセブン本部がとっているのではないかとの疑念が生じる。

浜田の話では、仕入先の担当者から「返品不可での取引ならお菓子類ももっと安くしますよ」と持ちかけられたという。

「セブンは返品不可ですけど、一般小売店では新商品の場合は返品可です。だから、本部はかなりベンダー（仕入先）を叩いているはずです。利益率が異常に高いのはそのためですよ。セブンは商売上手で日本一になったのではなく、人を泣かせて儲かっているんです。嘘を言って高く買わせる相手（店舗オーナー）がいるからなんですよ」

## リベート契約書開示命令「これで不正を暴いて」

後述する２０１４年4月に来日した米国セブン加盟店協会シカゴ代表のハシム・サイードは、「米国では本部がチャージを取る以上、仕入請求書や領収書は加盟店に渡し、原価をガラス張りにしている。そのことで本部側がリベートや原価などでピンハネできない仕組みになっている」と証言した。それが本来の本部と加盟店の取引とのあり方である。

吉田友子の「飯田橋4丁目店」は、日販63万円でセブン店の平均売上だった。セブン本部のチャージ率は74％。筆者の試算では、セブン本部は年間約4000万円のチャージ（指導料）を取っていた計算だ。本当はこのチャージ収入以外取ってはならないのだ。

ところが、実態は違う。加盟店から高いチャージを取るほか、原価を抜き、ベンダー（仕入れ先）からもリベートや協賛金を取っている。そのうえ、全店の価格を闇カルテルのように統一し、消費者に高く売りつけている。

つまり、セブン商法とは、端的に言えば、加盟店から二重三重の「莫大な利ざやを抜く商売」なのだ。これが30年以上にわたって異常な高利益を上げ続ける〝秘密〟なのである。こうした事実が世の中に漏れないよう、あの手この手の隠蔽工作をしてきたのだ。

先述したようにセブン創業5年目の年、『日刊工業新聞』1979年3月7日付の流通面トップに、「セブン・イレブンのFC契約　中小企業庁が改善指導へ」という派手な見出しの記事が掲載された。〝契約書疑惑〟をスッパ抜いた記事だ。

セブン・イレブンのFC契約
中小企業庁が改善指導へ
加盟店に契約書渡さず
内容・方法に問題
セブン・イレブン　ノウハウ守るため、と反論

セブン-イレブンのフランチャイズ契約書疑惑を報じた『日刊工業新聞』スクープ記事（1979年3月7日付）。同年10月の株式上場を前に若き鈴木社長（当時）は大ショックだった。搾取の構造は今も本質的に変わっていない。

当時、契約書は1通しか作らず、加盟店に渡していなかった。信じられない違法行為をやっていたのだ。契約内容も加盟店に不利なもので、国会議員を通じて年間30件以上の苦情が中小企業庁に持ち込まれていた。

加盟店から利益を二重三重に搾取するという「ピンハネの秘密」（当時の鈴木敏文社長は「ノウハウを守るため」と反論）が世間に知られたら大問題になるので、契約書を隠していたのだろう。現在でもセブンの隠蔽体質は変わらない。

吉田友子は控訴断念の理由をこう明かす。

「なぜ控訴しなかったか？　それは私の裁判で、リベート敗訴の確定判決をもらいたくなかったからです。だけどセブン側は閲覧制限をかけ、今、リベート契約書（販売報奨金契約書と特別条件書）と一緒に私自身も口封じされているんです。こんなこと許されませんよ！　関連の裁判で、〝リベート契約書を出せ！〟という判決を勝ち取ったので、今度は全国のオーナーさんがこの東京高裁判決を使って、リベートや原価ピンハネの不正を暴いてほしいですね」

最後に吉田はそう言い残した。

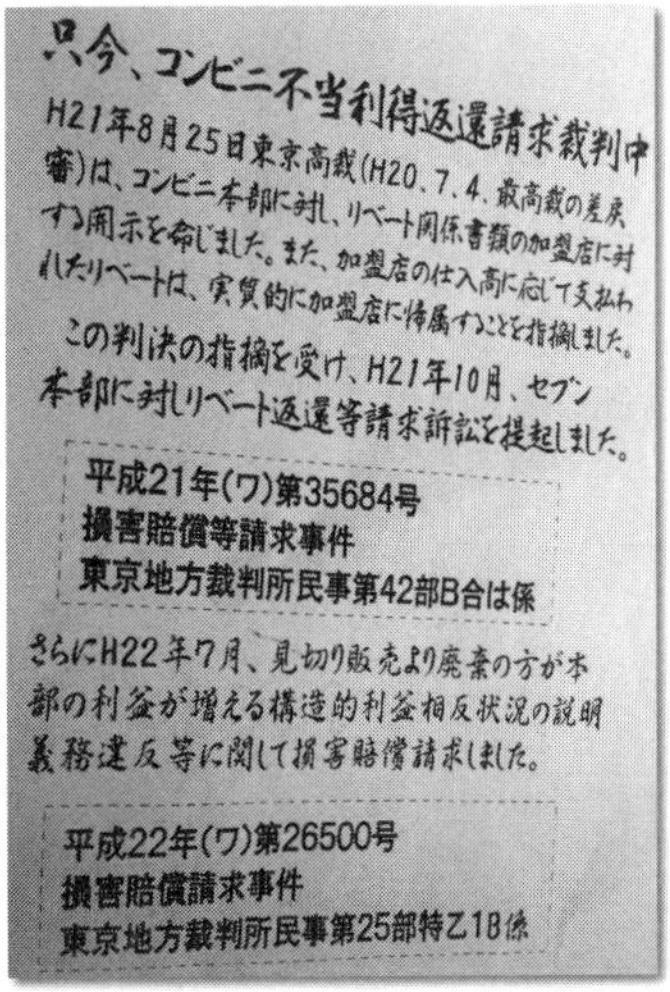
只今、コンビニ不当利得返還請求裁判中
H21年8月25日東京高裁(H20、7、4、最高裁の差戻審)は、コンビニ本部に対し、リベート関係書類の加盟店に対する開示を命じました。また、加盟店の仕入高に応じて支払われたリベートは、実質的に加盟店に帰属することを指摘しました。
この判決の指摘を受け、H21年10月、セブン本部に対しリベート返還等請求訴訟を提起しました。

平成21年(ワ)第35684号
損害賠償等請求事件
東京地方裁判所民事第42部B合は係

さらにH22年7月、見切り販売より廃棄の方が本部の利益が増える構造的利益相反状況の説明義務違反等に関して損害賠償請求しました。

平成22年(ワ)第26500号
損害賠償請求事件
東京地方裁判所民事第25部特乙18係

セブン相手に闘った吉田友子が支援者に送ったリベート返還請求裁判に関するハガキ。多くの加盟店オーナーが裁判に注目した。

## 加盟店を見殺しにするドミナントの罠①
# どこに出店しようが本部の自由という不平等契約

**セブン‐イレブン紛争の最大の原因は本部が近隣に新店舗を出す「ドミナント」だ。加盟店にとっては死活問題だが、セブンのフランチャイズ契約では、たとえすぐ隣に店を出されても文句が言えない。この加盟店主の権益を一方的に奪う〝優越的地位の濫用〟をめぐり、5年間も争っている裁判がある。**

### 一方的に解約し多額の清算金要求

セブン‐イレブン・ジャパンが、福島県の元加盟店オーナー・鈴木《すずき》一秀《かずひで》を訴えた「途中解約清算金請求裁判」（清算金裁判、2009年12月提訴）は、何とも奇怪な事件だ。セブン側は鈴木の店舗をドミナントで赤字に追い込んだ上、オーナー側の経営努力は一切認めず、「売上金を従業員への給与に支払った」として一方的に解約し、2633万円もの「清算金」を請求してきたからだ。

鈴木は、このセブン店経営に総額1億円をつぎ込み、24年間でセブン本部に計7億円（年間3000万円）ものチャージ（指導料）を支払ってきた。にもかかわらず、嫌がらせ的なドミナントで強行閉店させて巨額の解約金を要求するとは……。「共存共栄」を謳うフランチャイズなら、本部こそ、赤字店に転落させた指導力のなさを謝罪し、補償するのが筋だろう。実際、フランチャイズ規制法のある米国では、途中解約店には本部が営業補償を支払っている。

また、裁判中に鈴木夫妻が協議離婚をすると、セブン側はこれを「偽装離婚だ」と断定し、前妻を相手取って「離婚時に受けとった慰謝料分から前夫の清算金を返還せよ」と訴えてきた。さらに、調査会社を使って夫妻と近隣住民4人を24時間尾行・監視し、法廷でプライバシーを暴き立てた。人権侵害とも言える行為を、こともあろうに裁判所で披露するなど、セブン本部の神経を疑わざるを得ない。

## 「セブンさん」と地元に親しまれた店

福島県南部の山間部にある人口1万人弱の東白川郡《ひがししらかわぐん》塙町《はなわちょう》。かつては林業の町として栄えたが、今では過疎と高齢化の渦中にある。

人口減少社会の縮図のようなこの町に、鈴木がセブン‐イレブン第1号店を出したのは19

8５年７月だった。以来、セブン側から強制閉店させられる２００９年９月まで24年間、地元に根をおろし2店舗を経営してきた。「山の中のコンビニ1号店」という話題の店だったことで、地元の小中学生から「セブレンさん、セブレンさん」と親しまれ繁盛した。閉店後の今でも「鈴木」ではなく「セブレンさん」で通っている。

そんな地元の顔が、なぜ廃業に追い込まれたのか。

鈴木の父は獣医師、祖父は林業事業家だった。この独立自尊の血がそうさせるのか、本部におんぶに抱っこの人が多いコンビニの加盟店主の中、鈴木は独立心が旺盛だった。

この鈴木の資質は、妻が契約更新を苦にして自殺に追い込まれた伊藤正（仮名）のケース（67ページ〜参照）同様、セブン本部が最も嫌う「反セブン‐イレブン的オーナー」だったのだ。

## 一方的な近隣出店で1億円の借金を背負う

もともと鈴木は、日本電気（ＮＥＣ）のシステムエンジニアだった。26歳のとき、ソ連（ソビエト連邦、現ロシア）の港湾のコンテナ船などの積載システムの開発プロジェクトに携わった。ソ連に1年間派遣され、巨大な船舶貨物搬送システムを構築した経験があった。そのときの建屋建設で積算の方法や段取りを学び、後に自分のセブン店建設に役立てた。

35歳のとき、父親の病気でＮＥＣを辞めて帰郷。当時、成長企業だったセブン‐イレブンに目をつけた。セブンのＰＯＳ（販売時点情報管理）システムによるレジがＮＥＣ製ということもあり、コンビニが近未来の小売業になると考えた。父親の土地を活かそうと、自分から出店調査の手紙を書き、誘致したのだ。

最初の店は、塙町の中心地で役場に近い、国道１１８号線沿いの「セブン‐イレブン福島塙店」（1号店）。地元銀行から３０００万円ほど借金し、土地・建物とも自分の物件という「Ａタイプ」契約で出店した。セブン本部と地元建築会社から相見積もりを取り、ソ連時代に学んだように安い地元業者を使った。鈴木の仕切ったこのやり方に、本部はカチンときたようだ。店舗建設の段階から儲けられなかったからだ。実際、本部の提示した見積もり額は高かった。

バブル景気が始まろうという１９８５年、地域で初めての24時間コンビニは評判を呼んだ。従来の小売店が日販1万、2万円というとき、3年後には日販67万円を売り上げた。だが、この頃から東白川郡の棚倉町《たなぐらまち》、塙町、矢祭町《やまつりまち》にもコンビニ出店が相次ぐ。バブルの絶頂期に差しかかっていた。

セブン‐イレブンだけで、「福島棚倉流《ながれ》店」「棚倉町八槻《やつき》店」「棚倉バイパス店」など最盛期には人口3万１０００人の地域に7店がひしめく激戦区となった。地域ナンバーワンだった1号店は見る見る赤字に転落。駐車場が狭く、自家用車依存の地域ではハンディがあった。最後は日販20万円まで落ちた。これが最初のドミナント被害だ。

鈴木は当時を思い、こう憤慨する。

水戸市から会津若松市に至る国道118号線の塙・棚倉・矢祭地域は直線で約14キロほどだが、そこにはセブン-イレブンをはじめコンビニ店がひしめいている。地図にある店は2008年当時のものだが、鈴木一秀の出店した**①セブン-イレブン福島塙店**（1号店）と**②塙上石井店**（2号店）が、ドミナント（近隣出店）により118号線上で挟み撃ちにあっているのがわかる。

「すべて本部の一方的なドミナントが原因。先につくった私の店の周辺に、本部はどんどん国道沿いの大型店を出してきました。それで私も1号店から2キロ先に700坪以上の土地を確保し、2号店を出したんです。姉夫婦にも投資してもらい、銀行から7000万円を借り、一時は借金が1億円に膨れ上がりました」

## 本部一人勝ちのフランチャイズ契約

鈴木は1号店の不振を挽回するため、1993年8月、2キロ先に720坪の土地を購入し、大型店をオープンした。2号店の「セブン‐イレブン塙上石井店」である。土地はセブン本部の斡旋《あっせん》だった。この2号店のときも、建設業者に地元業者を使い、セブン本部の機嫌を損ねた。

「2号店は駐車場もたっぷりとったロードサイド店で、大当たりしました。日販100万円売ったこともありました。まあ、〝100万の三日天下〟というか、『これで借金返せるなぁ』と思った矢先、矢祭中石井店を出されたんですよ、同じ一本道で2号店の3キロ先に！　まさに不意打ちです。何の話もないまま出されました。それで一日10万、20万と売上が落ち込み、赤字に転落。セブンの敵はセブンなんです」

ドミナントの「矢祭中石井店」は車でわずか2、3分の距離だ。これが致命傷となり、日販85万円まで達していた売上が半減。2店で売上を分けあってしまったのだ。

塙町・棚倉町・矢祭町のコンビニ店地図（114ページ）を見ていただきたい。

国道118号は水戸市から会津若松市に至る幹線道路だ。JR水郡《すいぐん》線と並行して走り、塙・棚倉・矢祭地域は直線で約14キロほどである。地図にはない店舗を含めると、この山間地にセブン‐イレブンだけで7店、ファミリーマートやミニストップを含めるとコンビニ10店、地元スー

鈴木一秀夫妻は「偽装離婚」の疑いをかけられ、セブン本部の雇った２名の調査員から３日間、身辺を尾行され、車の給油中や帰宅途中、夜間の自宅の中まで見張られて盗撮された。セブン側はまた、裁判とは無関係の赤の他人も撮影。こうしたプライバシー侵害のカラー写真が200枚ほど「偽装離婚」を裏づける証拠として裁判に提出された。

パー2店がひしめく過密市場となった。

この地図では、地域ナンバーワンだった鈴木のセブン1号店と新設した2号店が、１１８号線上で挟み撃ちにあった状況がよくわかる。一つの店が成功すると、相次いで後続店が出てくる。ドミナントとは、一番乗りした店が報われない残酷な手法だ。それはフランチャイズの仕組みとともにすべて本部が責任をとらなくていいよう編み出された、本部一人勝ちの戦略である。立地がすべてのコンビニだとしても、古い店を見殺しにするこのドミナントは、オーナーとの利害調整なしにやるべきではない。米国ではドミナント被害を少なくするための出店規制がある。

次ページのコンビニ大手5社の出

## コンビニ大手5社の出店・閉店状況（2013年）

| | 店舗数 | 新出店 | 閉店数 | フランチャイズ率（%） |
|---|---|---|---|---|
| セブン-イレブン | 15,072 | 1,354 | 287 | 97.1 |
| ローソン | 9,752 | 860 | 246 | 98.5 |
| ファミリーマート | 8,772 | 900 | 292 | 95.5 |
| サークルKサンクス | 5,329 | 426 | 353 | 97.5 |
| ミニストップ | 2,168 | 148 | 69 | 95.9 |

出典：『月刊コンビニ』2013年8月号

## セブン-イレブンの契約タイプ別店舗数

| | | |
|---|---|---|
| Aタイプ店 | 4,244件 | （28%） |
| Cタイプ店 | 10,394件 | （69%） |
| 直営店 | 433件 | （3%） |

店・閉店データを見ていただきたい。

　これは大手本部が全国各地でなりふり構わず、出店・閉店をくり返している実態を示している。ダントツのセブンは、２０１３年に新店を１３５４店出して、２８７店を閉めた。ローソンも８６０店出して２４６店閉め、ファミリーマートも９００店出して２９２店を閉めた。大手５社を合計すると年間３６８８店つくり、１２４７店を閉めている。

　これは、コンビニ本部が繁盛店づくりのノウハウを持っていない何よりの証拠である。真に売れる店がつくれるならやたらと新店を出す必要がないからだ。加盟店のことを考えるなら量より質だ。だから、この毎年の大量出店は数だけ増やして売上を伸ばす「ハコ貸し業」の証明なのだ。

## 「対等の独立事業者」偽善に満ちた謳い文句

問題は、全チェーンがフランチャイズに依存している点だ。直営店ならいくら出しても閉めてもいい。本部の自己責任だからだ。だが、フランチャイズは「人・モノ・カネ」すべて本部から独立し、経営の全責任を背負わされている。そんなオーナーが年に1200人（店）も潰され、失職して路頭に迷い、家庭崩壊し、自殺に追い込まれ、人生を狂わされるという不幸の連鎖が続いている。

セブン‐イレブンの場合、酒店・食品店から転業した「Aタイプ」は約4200店、全店の28％だ。それ以外、1万店以上の圧倒的多数はバブル崩壊やリーマン・ショック（2008年）後のリストラの煽りを受けた脱サラ組による「Cタイプ」だ（117ページの表参照）。雇用不安の中高年を狙い撃ちにし、「人の弱みにつけこんだ商法」という側面がある。セブン‐イレブンの繁栄の裏には、このような血も涙もない利益至上主義があるのだ。

このドミナント被害は、係争中の中央労働委員会の審議では抜け落ちているが、セブン商法（ローソンやファミマなども同様）の最大の問題だろう。現在のフランチャイズ契約では、既存店の隣に新店を出そうが、本部の自由だ。つまり、本部が加盟店の「生殺与奪の権利」を握っていることになる。「対等の独立事業者」という謳い文句が聞いて呆れる。「既存の中小小売店の近代化と活性化・共存共栄」。鈴木敏文会長はセブン－イレブンの創業精神の中でそのような錦の御旗を掲げ、食品店や酒店を転業させた。だが、ドミナントの実態を見ると、それがいかに偽善に満ちたものかがわかろう。

それにしても、なぜ鈴木は1億円も注ぎ込んだ店舗の契約を一方的に打ち切られたのか。裁判の経過を追いながら、詳しく検証していく。

## 加盟店を見殺しにするドミナントの罠②

# 司法の矛盾した判断を生むフランチャイズ契約の闇

**セブン‐イレブンの消費期限切れ食品の見切り販売妨害事件で、セブン本部の敗訴が最高裁で確定（2014年10月14日）したが、同じ内容の見切り販売妨害を争っていた福島県の元加盟店オーナー鈴木一秀は、同じ最高裁でその前月に敗訴した。なぜ勝敗が分かれるのか。**

## オーナーの敗訴が確定

セブン‐イレブン・ジャパンと福島県の元加盟店オーナー鈴木一秀との紛争は２０１３年１月以来、「途中解約清算金事件」と「見切り販売妨害事件」の２件が最高裁に上告されていたが、最高裁第一小法廷は２０１４年９月25日、いずれも上告を棄却。鈴木の敗訴が確定した。

前述のとおり、この間、東京高等裁判所がセブン本部の見切り販売妨害に違法判決（13年８月）を下し、岡山県労働委員会も加盟店主を「労働者」と認定（14年３月）するなど、セブン商法の根幹を揺るがす画期的な裁断が相次いでいた。

ではなぜ、鈴木は清算金でも見切り販売妨害でも敗けたのか。

## 事業者間の〝合意の壁〟　民法での救済に限界

結論から言うと、「契約書の壁」だ。要は、フランチャイズ（ＦＣ）契約を規制する法律がなく、裁判官が商売の中身まで立ち入って裁くとき、「契約自由の原則」がネックになる。つまり、セブン本部と加盟店主という「事業者同士」が合意して取り交わした契約は、たとえ片務契約であろうと法的には有効なのだ。

現在、フランチャイズを取り締まる法律は、独占禁止法（不公正取引防止）か中小小売商業振興法（重要情報の開示と説明義務）しかない。米国や韓国にはFC規制法があるが、わが国にはFC契約を対象にした法律がないのだ。

このため民法学者から、不当な契約条項や加盟時の情報提供義務などを強化して取り締まるべきとの声が出ていた。その観点から、すでに百数十件も起きているセブン‐イレブン裁判の判決文などを検討し、民法改正の法制審議会に改正試案が出されていたが、FC業界などの反対で審議は見送られた。

実は、このFC法制化の動きとしては、民主党政権時の2009年11月、公正取引委員会によるセブン本部への排除措置命令（同年6月）を受け、超党派の国会議員28人が参加し、国会内で決起大会が開かれたことがある。同年8月には、全国のオーナー有志が立ち上がり、「コンビニ加盟店ユニオン」が結成されたのだが、その後の自民党への政権交代で法制化は雲散霧消している。

2014年2月26日には、衆議院予算委員会で共産党の穀田《こくた》恵二《けいじ》議員が加盟店に不利益なコンビニ会計（廃棄食品の原価を「営業費」に回し、本部のチャージ収入を増やす特殊会計）やドミナントの問題点を追及。穀田議員が「コンビニが年に24万トン、金額で3000億円、398円のヒレカツ弁当なら8億3000万食もの食品廃棄を出す要因に（本部だけが儲かる）コンビニ会計があるのではないか」と質すと、茂木《もてぎ》敏充《としみつ》経済産業大臣（当時）は問題があることを認めたものの、どう見直すかまでは踏み込まなかった。ここにも事業者同士の契約や紛争にまで口出しできない「契約の壁」があったのだ。

1973（昭和48）年5月21日付の『日本経済新聞』は経済面トップで、「公取『フランチャイズ』規制へ　多い不当取り引き　弱い立場の加盟店守る」と派手な見出しで報じた（127ページの写真）。40年以上も前の記事だが、その内容は本日発行した新聞と言ってもいいくらいだ。この記事はセブン第1号店が開業する1年前のものだ。だから当然、フランチャイズ・ビジネスがいかに問題があるか、当時のイトーヨーカ堂（セブン‐イレブン発祥会社）の伊藤雅俊社長も鈴木敏文専務（いずれも当時）も問題点を十分に認識していたはずだ。それが40年以上も野放しにされる間、彼らの利益至上主義によって何千何万もの加盟店主が見殺しにされてきた。

## 「スーツ着たヤクザか！」　交渉では埒が明かぬ

鈴木一秀は2005年8月の「ロスチャージ裁判」を皮切りに「請求書裁判」「地位保全確認裁判」「見切り販売妨害裁判」と連続して6件の裁判に訴えた（124ページの「裁判闘争の経過」参照）。

2000年ごろ、ロスチャージ裁判の先駆者、伊藤洋・美沙子オーナー夫妻がインターネット上で「セブン本部は廃棄弁当からチャージを取り、仕入れ商品の買掛金からも違法金利を取っている。領収書・請求書も見せず、われわれの原価をピンハネしている。だから加盟店は儲からないのだ！」とセブン商法を暴いていた。鈴木もそれを知り、セブンのやり方に疑惑を抱くようになっていた。

　前述のとおり、鈴木が捲土《けんど》重来《ちょうらい》をかけた2号店「セブン-イレブン塙上石井店」も「矢祭中石井店」出店のドミナント被害で赤字に転落した際、セブン側と激しい応酬をした。

「もちろん、本部はウチがどういう経営状況かわかっているんですよ。1、2号店ともドミナントで挟み撃ちにあってるわけだから。なので、塙町の2店とも閉めてゼロから挑戦させてほしいと何回もお願いしたんです。銀行の斡旋で白河市に競売の土地を確保したので、そこに3店目を作らせてくれと。そうしたら、『白河市の店舗予定地の5キロ先にセブン店があるので（ドミナントになるから）ダメです』と言うんです。『じゃあ、ウチは何なんだッ、（矢祭中石井店とは）3キロしか離れてないぞ！　それとの整合性がないじゃないか！』と怒鳴ったんです。『ふざけんなこの野郎ッ、オレは真剣なんだッ』と。でも結局、ダメでした……」

　1号店、2号店をドミナントで追い込みながら、最後の賭けの新店計画はドミナントを理由

福島県東白川郡塙町でセブン-イレブン2店舗のオーナーだったころの鈴木一秀。（写真提供／鈴木一秀）

### セブン商法を訴えた鈴木一秀の裁判闘争の経過

**2005年8月** 消費期限切れ廃棄食品にもチャージがかかるコンビニ会計をただす「ロスチャージ裁判」提起（東京地裁）。

**2005年9月** 仕入れ商品の請求書・領収書の開示・引渡しを求めて３名で「請求書裁判」集団提訴（同）。

**2008年2月** セブン１号店の消費期限切れ食品の見切り販売妨害で「１円値下げ裁判」提訴。棚倉簡裁で和解勝訴。

**2月** セブン２号店の消費期限切れ食品の見切り販売妨害で「１円値下げ裁判」提訴。棚倉簡裁で和解勝訴。

**2009年7月** セブン本部から途中解約・閉店の通告を受けての「地位保全確認裁判」提訴（東京地裁）。

**8月** 見切り販売妨害で損害賠償を求めて全国の加盟店で初めて「見切り妨害裁判」提訴（東京地裁）。

**12月** セブン本部が鈴木一秀に対し途中解約閉店後に清算金を要求する「清算金裁判」提訴（東京地裁）。

**2014年4月** セブン本部が鈴木一秀の前妻を「偽装離婚であり財産分与は違法」と「偽装離婚裁判」提訴（福島地裁）。

**9月** 最高裁が「見切り妨害」と「解約清算金」の２つの裁判で上告棄却。

▼

**全裁判で鈴木の敗訴が確定**

に認めない。鈴木は、この手前勝手なセブン本部の二重基準の理屈にキレたのだ。
「その前に、生き残り提案をしていました。１号店を閉めて２号店だけにする代わりに、チャージの低い１号店の契約を引き継がせてほしいと。それに対し『検討します』と言ったきり何カ月も回答しない。ゾーン・マネジャー（東北地区最高責任者）を呼んで話しても、検討中とくり返すだけ。それで数カ月が過ぎ、また呼び出す。それでまた数カ月、あっという間に１年が経ったんです。最後に何を言ったかというと、『鈴木さん、過去に例がないからダメです』。この一言だけ。結局、話し合いでは埒が明かなくなった」

鈴木は裁判に踏み切った。あまりに無慈悲な対応に最後は、「お前たち、スーツを着たヤクザかッ！」と担当者に怒鳴ったという。

## 実態わからずに判断　惨憺たる日本の司法

鈴木一秀が、加盟店主の中で稀に見る経営力があったことは前にも触れた。1・2号店で1億円以上も資金調達し、白河市の競売地を3500万円借り入れて落札。総額1億3500万円も調達できる経営手腕があった。銀行に絶大な信用があったのだ。もちろん、セブンのブランド力もあろう。だが、セブン本部はそんな鈴木の経営力、経営権を一切認めようとしなかった。

鈴木は、セブン店を経営した24年間で7億円ものチャージ（指導料）を本部に支払っている。これほど莫大なチャージを取っていながら、経営権を認めない「経営指導」とは一体何なのか。

それでも違法性が問えないのは、セブン本部に加盟店経営の会計・簿記サービスをすべて任せ、原価や会計内容がまったく検証できないという、フランチャイズ会計の闇があるからだ。

これは「オープンアカウント」と称し、セブン本部と加盟店を親子会社のようにした会計偽装の疑いがある。

つまり、一加盟店だけでは、自分の売上金の中から、いつ、どこに、いくら仕入れ代金が支払われたのかが検証できず、決定的証拠をつかめないのだ。法廷では、セブン本部社員や利害関係者らの口裏合わせがまかり通っている。そのため、いくら敏腕弁護士を雇っても違法性を立証できないのである。

結局、鈴木一秀が2633万円を請求された「途中解約清算金裁判」も、フランチャイズ契約が盾となり、最高裁で棄却となった。

2001年8月、セブン加盟店史上初めてロスチャージの集団提訴を主導した先の伊藤美沙子はこう証言する。

「日本の司法は惨憺《さんたん》たるものです。(セブン側証人の)偽証も見抜けず、裁判官は取引実態がわからず、情報(法廷に出た資料)がすべてだと思い込んでいる。裁判官は頭のいい人なので、『もともとそういう商売だとわかって加盟したんだろう』という判断なんです。だから、本当にわからなかったと証言しても認めてくれないんです。真実が何かとか関係ないんですね。だけど本部もやっぱり訴訟が恐いんですよ。2000年当時、萬歳教公常務(総務本部長)から『弁護士立てて和解しましょうよ。お金要るんでしょう?』と、最後は何度も頼まれましたからね」

すべての訴訟が終わり、鈴木一秀はこう述懐する。

「今振り返ると、罠にはまった感じです。24年間でセブン店に1億3500万円をつぎ込み、

経済新聞　昭和48年5月21日　(月曜日)

公取「フランチャイズ」規制へ

多い不当取り引き

弱い立場の加盟店守る

契約に「認定基準」検討

高橋公取委員長

顧客誘引へ誇大表示

フランチャイズチェーンの問題点

加盟店への価格制限など

公取調査

公正取引委員会がフランチャイズ本部の規制に乗り出したと衝撃的ニュースを報じた昭和48（1973）年5月21日付の『日本経済新聞』のコピー。経済面トップ記事の第一報から40年以上が経ったが、フランチャイズは野放し状態で何も変わっていない。

7億円も本部に支払いました。それが開店3年目でドミナントされて、経営の自由なんて一つもなかった。責任者を呼び、『ウチの経営内容をわかってるでしょう』と問い詰めると、『十分承知しています』と答えましたよ。店が借金で苦しいのを知っていても、クビになるから彼らの口からは何も言えない。検討中、検討中と引き延ばすだけ。赤字になってもどんどんやらせる。ほっといても本部はロスチャージを取れるし、どん底に落ちていっても店を続けさせられたんです。それである日突然、これ以上赤字が増えるとダメだから閉店する、と。親から受けついだ土地も手放さざるを得なかったのが一番悔しい」

セブン経営陣はイトーヨーカ堂のころから小売業は立地がすべてだと知り抜いていた。しかし、直営だと投資額と人件費で赤字になっても簡単には移転できない。そこで加盟店夫妻がすべてのリスクを被るフランチャイズに目をつけた。加盟店主は「一国一城の主だ」と偽って。何も知らない脱サラオーナーたちは24時間店を「運営」させられているにすぎない。もちろんそれは「経営」などとは似ても似つかぬものだ。これでは労働者以下ではないか。

コンビニ業界の売上高は２０１５年に初めて10兆円を超え、ＦＣ産業全体では24兆円を超す。この巨大ビジネスを取り締まる法律がないのが、最大の問題なのだ。

第四章

# 裁判で追い詰められる〝偽装〟の鈴木商法

# 「平気でウソつく」と漏れ伝わった取締役会の内情
# 信頼失墜〝裸の王様〟鈴木敏文

**東京高裁が違法と断じた「見切り販売妨害事件」の判決（2013年8月）は、セブン-イレブンにとって致命的になる可能性がある。自殺者が出ることでもわかるように、オーナーたちの「反セブン-イレブン的行動」を情け容赦なく叩き、売上を伸ばしてきたセブン-イレブン商法。それを生み出した鈴木敏文会長の権勢にも翳りが見え始めていた。**

## 鈴木会長に面従腹背

2013年8月の東京高裁の判決（「裁判の主な経過」参照）後、セブン-イレブン・ジャパンで確実に変わったことがある。〝コンビニ天皇〟鈴木敏文会長への信頼が失墜したことだ。

「最近の取締役会では、みんなウソばっかりついてるよ。平気でウソつくようになっちゃったなあ……」

最高首脳の一人が苦笑まじりにこう嘆いたという。井阪隆一社長をはじめ若手役員クラスが、

### セブン-イレブン裁判の主な経過
## ロスチャージ裁判

**2001年8月** 原告オーナー伊藤洋ら５人が東京地裁に「セブン-イレブン会計を基に不当にチャージを徴収された」などと提訴。

**2004年5月** 東京地裁が原告の伊藤洋、鈴木勝、鈴木信彦らの「不当会計」という訴えを棄却。

**2005年2月** 東京高裁、原告・伊藤洋らの「セブン-イレブン会計の是非」をめぐる訴えを棄却。

**2月** 東京高裁、原告・早田信広に「特殊なセブン-イレブンの認識に錯誤があった」と認め、逆転勝訴。

**2007年6月** 最高裁が早田信広の判決を破棄し、契約のあり方を審議するよう、東京高裁に差し戻す。

**2008年1月** 東京高裁、セブン-イレブン会計を「一般に知られた会計ではない」としながら容認し、早田信広の敗訴が確定。

### セブン-イレブン裁判の主な経過
## 見切り販売妨害裁判

**2009年6月** 公取委がセブン-イレブン本部に「見切り販売妨害は優越的地位の濫用」と排除措置命令を発動。

**8月** セブン-イレブンが独占禁止法違反の排除措置命令を受け入れる。

**9月** 原告オーナー須田康市ら４人が、東京高裁に「見切り販売妨害で損害を受けた」と提訴（セブン-イレブンが排除措置命令を受け入れたため東京高裁が「一審」に）。

**2013年8月** 東京高裁が、見切り販売妨害は優越的地位の濫用と断定、セブン-イレブンに損害賠償命令を出す。

鈴木会長の前では面従腹背だというのだ。「ウソ」というのは、間違っていることでも異議を唱えないということらしい。

セブン‐イレブンの内情に詳しい消息通がこう打ち明ける。

「あの高裁判決で、もう、若手役員クラスは『鈴木流は完全に終わったなぁ』という認識ですよ。アレは（当時の）山口俊郎社長が、社長室に全国のゾーン・マネジャーをぜんぶ集めてこうゲキを飛ばしたというんですよ。『見切り販売はさせるな！』と。山口さんは鈴木さんのイエスマンですからねぇ。だから八階級も飛び越えて社長にしたんです。鈴木さんの一番使いやすい男だったんです。それで公取委（公正取引委員会）が入ったとき慌てて、井阪社長に替えたでしょう。井阪さんは商品本部出身なので（現場の事情を）何も知らない。マスコミに責められてもヘンなこと喋れない。山口さんだったら全部喋っちゃうからなんですよ」

どんな大帝国もいずれ崩壊する。恐怖政治による規律の乱れがキッカケになることが多い。

消息通はさらにこう証言する。

「鈴木さんの大成功のキャッチフレーズだった単品管理と発注精度の向上、アレも『もうやめようよ。時代遅れだ』と役員たちも気づいてるんです（問題の手口①「24時間、酷使のシステム」参照）。それより井阪さんがメーカーに強い。だからいいものを作ってキチッと売ろうよ。まともな会社になろうよ。そう、（すでに）〝アンチ鈴木〟に変わってきてるんですよ」

見切り販売妨害裁判の原告オーナー代表（当時）の須田康市《すだこういち》もこう証言する。

「公取委の排除措置命令も大きなことだったんですが、2005年に東京高裁でロスチャージ裁判で一回勝ったでしょう。あれもセブン社内では大変な衝撃だったんです。07年に私が見切り販売に踏み切ったとき、OFC（問題の手口②「マヤカシの経営指導＝OFC」参照）からこう言われたんです。『オーナーさん、鈴木会長ももう高齢ですから。あと何年か経ったら変わりますから……変わりますから』。そう言って全国のオーナーたちの不満を鎮めていったんですよ。みんなそのことは知ってます。03年か04年ごろならOFCの口からそんな言葉など出ませんでした。あんなカリスマに対して、絶対言いませんよ。05年を超えたころからそういう声をじかに聞くようになりましたねぇ」

セブン商法
問題の手口 ①

## 24時間、酷使のシステム

コンビニは30坪の店で3000商品扱う。そこでPOS（販売時点情報管理）システムを使い、いつ何が売れたか商品単位で管理、売上予測をする。その先駆者が鈴木会長だが、彼の弱点はPOS至上主義。「店頭に立ったことがない」と自慢するが、24時間営業の苦労がまったくわかっていない。

セブン商法
問題の手口 ②

## マヤカシの経営指導＝OFC

セブン本部の経営指導員はOFC（オペレーション・フィールド・カウンセラー）と呼ばれる。だが、優秀なOFCより現場経験の長いオーナーの方が能力が上だ。経営指導といっても見切り販売やロスチャージ（88ページ参照）といった問題の手法に触れることはなく、実態の伴わない〝指導〟しかできない。OFC制度そのものがマヤカシのようなものだ。

鈴木敏文会長は当時80歳を超えていた。井阪社長とは25歳の開きがあり、親と子だ。それが依然として「セブン‐イレブンの顔」としてテレビや新聞に登場していた。いくら広告費をバラ撒いているからといって、こんな異様な上場大企業もめずらしい。

## 実態と異なる契約書　絵空事の「独立事業者」

脱サラオーナー向けの「加盟店基本契約書」（次ページ）を見ていただきたい。

これによると、第2条「独立の事業者」で、「（セブン本部と加盟店）ともに独立の事業者であり、いうまでもなく、加盟店経営者は、セブン‐イレブンの代理人でも、使用人でもなく」、「セブン‐イレブン店の経営は、加盟者の独自の責任と手腕により行われる」とある。

「独立の事業者」とは、言うまでもなく、人、モノ、金を別にして事業を営む者のことだ。契約文にあるとおり、誰かの代理人でも使用人でもなく、セブン‐イレブンのために商売を行なうものでもないのだ。その地位と権限は、セブン本部と言えども侵すことはできないはずである。

だからこそ、第29条「加盟店経営者の仕入れ、販売の決定」では、「加盟店経営者はセブン‐イレブンがすすめる仕入れ先から仕入れなくてもよい。販売価格もセブン‐イレブンに強制されない」（筆者要約）と書かれているのだ。当たり前のことだ。そのうえで、第30条「決定した小売価格による販売」では、「加盟店経営者は商品の販売小売価格を自らの判断で決定し」

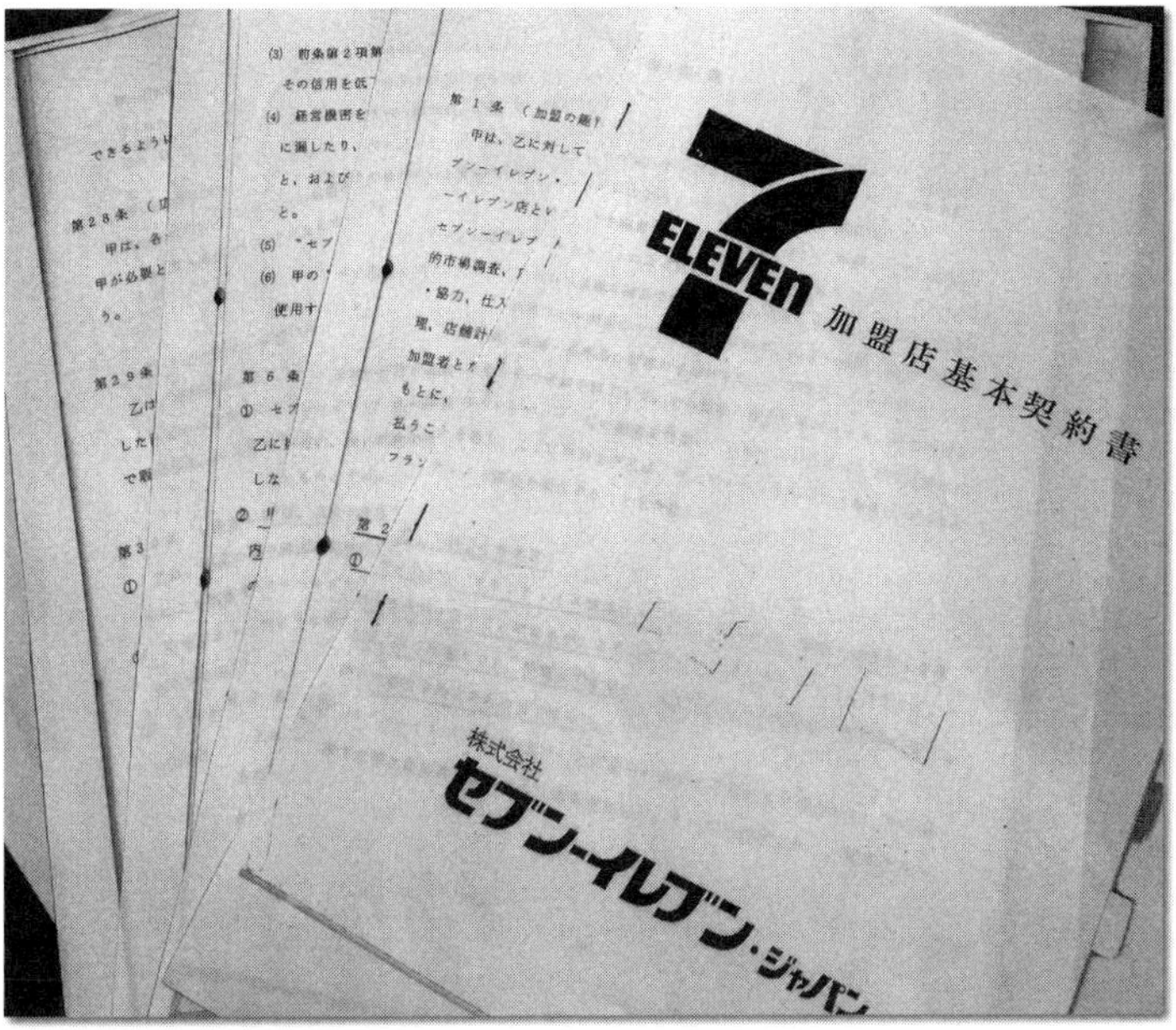


と書き入れ、価格決定権はオーナー側にあるとキッパリ断言している。これも独立事業者ならごく当然の権利である。

この契約書を読むかぎり、独立事業者の権利を尊重した立派な契約だが、実態はまったく違うのだ。

前出の須田が東京高裁のロスチャージ裁判で「たった一回勝った」ときの辣腕弁護士が、匿名を条件に契約の裏側をこう証言する。

「独立事業者なんてよく言いますよ。だって（大半の加盟者である）会社員を辞めたばかりの人間にハンコ押させるんです。独立事業者と言ったって、事業者の自覚もなければ知識もない。その人たちに契約の重要さとか意味内容とか、あの（契約書の）文言の難しさをわかれという方がおかしいし、また（いったん裁判になると）それをわからないで契約した方が悪いというモノの言い方は、まさに裁判所（裁判官）ってモノを知らないのかッ！　と言いたくなる」

現実には、この世間知らずの裁判官にセブン商法は救われてきた。

ロスチャージ裁判にしてもピンハネ裁判にしても、フランチャイズ商法と企業会計が深くからんでいる。２０００年ごろの裁判官や弁護士は、この分野の知識に乏しく、判例研究なども少なかった。だから、「超優良企業の、あのセブン‐イレブンが？　まさか！」、そんな先入観にとらわれて判断していたのだ。

## 最高裁も異例の疑義「錯誤で契約無効もある」

実は、辣腕弁護士が勝った歴史的なロスチャージ裁判で以下の事実がある。ここで問題にするのは２００７年６月、最高裁判所が出した判決文だ。

ロスチャージ裁判は、東京地方裁判所ではオーナー側が敗れたが、東京高裁で逆転勝訴するというきわどい裁判だった。それを受けて最高裁で争われ、東京高裁に差し戻されて敗訴となる。そのときの最高裁の判決文が、セブン‐イレブン商法の闇の一端を暴いていたのだ。

最高裁は、セブン‐イレブンのフランチャイズを「疑義のある商法だ」と指摘していた。４

人の裁判官のうち、今井功《いまいいさお》、中川了滋《なかがわりょうじ》の両裁判官が異例の補足意見をつけて、「この契約書の条文は明確性を欠き、疑義の余地があり、問題だ。これだと加盟店経営者の錯誤によって契約が無効になることもあり得る」（筆者要約）と断定していたのだ。

両裁判官はこうも指摘した。

「加盟店の多くは企業会計の知識もなく、経験も乏しい（店を経営するのは初めての脱サラが大半だ）。それを考えると、契約書以外の詳細で膨大な付属明細書（システムマニュアル）やマニュアルを読み込まないと、契約書の本当の意味が分からないのは不適切で、改善しなければならない。また契約の際、廃棄ロスや棚卸ロスにもチャージがかかると事前に説明しないのも問題」（筆者要約）

セブン‐イレブンの契約書は先にあげたとおり、表面的にはまともな内容である。だが、それを読解するには「システムマニュアル」という店舗経営のための詳細な手引書を、それこそ、弁護士か税理士と一緒に読み解かなければ理解できないほど難解なものだったのだ。しかも、その肝心のシステムマニュアルは契約書にハンコを押した後、オーナーに手渡される。つまり、オーナーたちは「コンビニ会計」（廃棄食品にチャージがかかり、請求書・領収書ももらえないなど数々の疑惑）のことを理解できないまま契約していたのだ。そこに契約の罠があり、今井・中川両裁判官はその点を糾弾したのだ。

セブン創業期の1979年3月、セブン本部が契約書を加盟店経営者に手渡さず、閲覧だけさせていたため、前述のように通産省・中小企業庁（当時）が「契約内容や契約の方法に問題がある」として行政指導に乗り出すことを、『日刊工業新聞』がスッパ抜いたことがあった。最高裁の補足意見は、まさにこの記事にある「行政指導事件」とまったく同じ構図なのだ。

要するに、契約書にはキレイ事や建前だけでなく、自分に不利なこともキチッと書いておけよ、と注文をつけたのである（問題の手口③「本部優位濫用のＦＣ契約」参照）。

最高裁で補足意見がつくこと自体、きわめて異例だ。それは裁判官が「この契約書と契約の仕方には文句を言っておかなければ後でまた同じ紛争が起こるぞ」と警告したからにほかならない。「契約書を書き改めよ」と命じたに等しいのだ。

## 過ちを認めない人がずっとトップにいる

前出の辣腕弁護士が解説する。

「ロスチャージでは負けましたが、あの補足意見は一般の人が理解する法律の解釈そのもので

セブン商法
問題の手口 ③

### 本部優位濫用のFC契約

自由で公正な取引を促すのが独占禁止法だ。そのカギが「優越的地位の濫用の禁止」。そもそもフランチャイズ（FC）契約自体が、圧倒的に本部優位にできている。「この契約書がある限り安泰だ」。鈴木敏文会長はそう豪語していたという。

した。ああいう誤解を与えるような契約をしてはいけないよ、と。もう、あの時点でセブン-イレブンは舵《かじ》を切らなければならなかったんですよ。普通の企業であれば、あのまま契約を放置するなんてあり得ない。公取委からも言われているんだし（02年改定の公取委『フランチャイズ・システムに関する独占禁止法上の考え方について』のことを指す）。僕は、セブン-イレブン全体の動きを見て、鈴木敏文さんがいる限りは過去の過ちを訂正するような企業にはならないな、と思っていた。だから、ロスチャージ事件も、もし、あの人がいなかったらもっと早めに違う解決があったと思っているんです。過ちは過ちとして訂正して、じゃあどう解決するのか、と。過ちを認めない人がずうっとトップにいたというのが、この問題が解決できない原因じゃないか。何しろ、このビジネスモデルを作った御大将なわけだから。彼を引きずり下ろせる人がいないのが最大の不幸ですよ」

セブン-イレブン商法が大成功した裏には、日本社会の行政と司法と政治の不作為がある（問題の手口④「フランチャイズ族議員の罪」参照）。オーナーたちが決死の覚悟で訴えても、長い間、聞く耳を持たなかったのだ。長い物には巻かれろ。契約書にハンコを押

**セブン商法**
**問題の手口 ④**

## フランチャイズ族議員の罪

セブン-イレブン商法が明るみに出るまで、オーナーたちは通産省（当時）や公正取引委員会に何度も訴え、政治家にも告発した。だが、2009年の排除措置命令まで30年間、その扉は開かなかった。行政も司法も問題だが、最大の罪は政治献金で口をつぐんできたフランチャイズ族議員だ。

したら自己責任だ、と。

「セブン‐イレブンの顔」である鈴木敏文会長はマスコミに登場し、「加盟店とは共存共栄だ。裁判など一件もない」などと自信たっぷりに発言してきた。世間もそう信じきっていた。しかし、実際は2000年代に入ってから、年がら年中裁判を起こされてきたのだ。その極めつきが2013年8月の東京高裁の違法判決なのである。

年老いた〝裸の王様〟。それが全世界で5万3000店、約10兆円の売上を誇る、流通コングロマリットを率いる総帥の姿であった。

## 仕入原価もわからず利益を収奪
## 店舗の犠牲で成り立つ〝張り子の虎〟

**「独立した事業者」であるはずのセブン‐イレブン加盟店オーナーだが、店に並ぶ商品の請求書も領収書も見ることができず、自分たちが売っている商品の本当の原価**

**がわからない。また、売れば売っただけセブン本部の取り分が多くなる「累進チャージ」によって手元に残るカネは減り、自分の店の売上金には1円たりとも手が付けられず、毎日全額を本部に送金する。セブン＆アイ・ホールディングスの財務状況を見ると、セブン-イレブンの異常な高利益率は、こうした加盟店の犠牲の上に成り立っていることがわかる。**

## 加盟店オーナーとの信頼関係を否定

セブン＆アイ・ホールディングスの有価証券報告書には、セブン＆アイグループの事業リスクについてこう書かれている。

「当社グループのコンビニ事業は、フランチャイズ（FC）・システムからなり、加盟店と当社グループが対等なパートナーシップと信頼関係に基づく共同事業である。このため加盟店との信頼関係がなくなり、契約が維持できなくなった場合は、当社グループの業績に影響をおよぼす可能性がある」（筆者要約）

ここにある「加盟店と当社グループが対等なパートナーシップと信頼関係に基づく共同事業」という記述の空々しさについては、「〜妻はなぜ自殺したのか」の項（67ページ〜）で見たとおりである。違法判決を受けても、公正取引委員会の立ち入り調査を受けても、加盟店オーナーから提訴されても（その数は1件や2件ではない）、セブン本部はそれらの事実を鈴木会長自ら否定し、オーナー夫妻に圧力をかけ続けてきた。それでも従わず、裁判を起こしたオーナー夫妻は、「契約書にハンコを押したから」との理由で敗れ、途中解約され、チェーンから追放されてきたのだ。

有価証券報告書に明文化された基本的な点（加盟店との対等な信頼関係）すらも踏みにじっているのが鈴木商法の実態である。

## 「見切り販売されるとグループが成り立たぬ」

加盟店オーナーとの「共同作業」がいかに重要であるかは、鈴木敏文会長自身がよく認識していた。２００９年7月6日、東京・紀尾井町のホテルで開かれた「第15回セブン‐イレブンOB懇親会」で鈴木会長は、退職者と井阪隆一社長ら現役役員１００人を前にこう演説した。

「今回（09年6月、公正取引委員会）の排除措置命令には学者とか専門家で『おかしい』という人が多い。加盟店のオーナーさんも9割以上がわれわれを支持している。内情を話すと問題になるから詳しく言えないが、（排除措置命令を）『下げられなかった』というのが実情だ。（見切り販売をすべての店が実行し）セブン‐イレブンがダメになると、セブン＆アイ・ホールディングスが成り立たなくなる。だから、今度の件では、毅然とした態度をとるので、みなさん心配しないでほしい」

これはＯＢ懇親会に出席した人物がじかに聞いた発言だ。鈴木会長は長年、公取委の外郭団体、公益財団法人公正取引協会の理事を務めており、「オレの力で潰せるッ」とタカを括《くく》っていたのか。

この懇親会は、公取委が排除措置命令を発動した１カ月後に開かれている。その時、井阪社長をはじめ役員、社員、ＯＢにまで大衝撃が走り、うろたえていたのだろう。身内の集まりに気を許したのか、鈴木会長は「下げられなかった」（筆者注＝自分の政治力で潰せなかったとの意味）という言葉を、３回くり返し、無念さを滲ませた（拙著『セブン‐イレブンの罠』で詳述）。

この公取委ショックで社内が動揺し、加盟店オーナーの叛乱の火の手が上がるのを一番恐れていたのだ。

## １社の利益に１１３社がおんぶに抱っこ

では、鈴木会長の発言にある「セブン‐イレブンがダメになると、セブン＆アイ・ホールデイングスが成り立たなくなる」という、その財務状況を見ていこう。

2013年の有価証券報告書によると、セブン&アイ・ホールディングスとは、セブン-イレブン・ジャパン（国内コンビニ）を筆頭に、セブン-イレブン・インク（米国コンビニ）、イトーヨーカ堂（グループ発祥会社＝スーパー）、ヨークベニマル（スーパー）、そごう・西武（百貨店）、セブン銀行（金融）などを中核とした113社からなる企業グループだ。

2005年に持株会社（ホールディング・カンパニー）に移行し、鈴木敏文会長・CEO（当時73歳）に権力が集中する仕組みに変えた。これで村田紀敏社長（同61歳）も実務を統括するCOO（最高執行責任者）でしかなく、セブン-イレブンの井阪隆一社長（同48歳）など平取締役の一人だ。大株主として伊藤雅俊イトーヨーカ堂創業者（同81歳）がいるが、伊藤は1992年、ヨーカ堂の総会屋への利益供与事件で引責辞任。それ以降、鈴木会長が20年以上もの間、「コンビニ天皇」「カリスマ」として君臨していた。

余談ながら、株好きの鈴木会長は、野村證券やソフトバンクの孫正義社長とも親しい。前述したように、その関係で二男の鈴木康弘（2013年当時・48歳）をセブングループのネット通販会社「セブンネットショッピング」（前身イー・ショッピング・ブック）の社長に就かせ、セブン-イレブン利権を与えている。井阪隆一社長は、井阪健一・野村證券元専務（同82歳）の子息である。

ここで、セブン&アイ主要4社の業績をまとめた〈表〉（次ページ）を見ていただきたい。

## セブン&アイ・ホールディングス主要企業の業績

（　）内は売上高対経常利益率、売上高対純益率

|  |  |  |
| --- | --- | --- |
| セブン&アイ ホールディングス（連結決算） | 売上高（営業収益） | 4兆9916億4200万円 |
| | 経常利益（%） | 2958億3600万円（5.9%） |
| | 純利益（%） | 1380億6400万円（2.8%） |
| | 純資産 | 1兆9947億4000万円 |
| セブン-イレブン ジャパン | 売上高（営業収益） | 6175億5900万円 |
| | 経常利益（%） | 1941億400万円（31.4%） |
| | 純利益（%） | 1124億4600万円（18.2%） |
| | 純資産 | 1兆1432億8800万円 |
| セブン-イレブン インク | 売上高（営業収益） | 1兆2472億8700万円 |
| | 経常利益（%） | 355億4300万円（2.8%） |
| | 純利益（%） | 223億7800万円（1.8%） |
| | 純資産 | 3784億8600万円 |
| イトーヨーカ堂 | 売上高（営業収益） | 1兆3322億9200万円 |
| | 経常利益（%） | 152億2300万円（1.1%） |
| | 純利益（%） | 16億8700万円（0.1%） |
| | 純資産 | 5998億5700万円 |
| そごう・西武 | 売上高（営業収益） | 8109億9800万円 |
| | 経常利益（%） | 91億6000万円（1.1%） |
| | 純利益（%） | ▲36億5000万円（—） |
| | 純資産 | 1245億6100万円 |

出典：『平成25年有価証券報告書総覧』

この中で突出しているのがセブン‐イレブンの異常利益だ。ヨーカ堂の純利益はわずか16億8700万円だが、セブンは1124億4600万円、ヨーカ堂の実に66・7倍だ。コンビニとスーパーの違いもあるが、この異常な格差は何なのか。

両社の違いが最も顕著なのは利益率だ。セブンの売上高対経常利益率が31・4%と異常に高いのに対し、ヨーカ堂は1・1%。売上高対純利益率はセブンが18・2%なのに対しヨーカ堂はわずか0・1%と目もあてられない。スーパーの利益率は通常1〜2%なので、ヨーカ堂の不振ぶりが際立っている。

この業績比較でわかるとおり、セブン‐イレブン・ジャパン1社で、セブン&アイグループ傘下113社の経常利益の66%、純利益ではなんと81%も稼ぎ出している。この歪んだ構造は、「セブン依存」というレベルをはるかに超え、完全に「おんぶに抱っこ」状態である。はっきり言って、セブン&アイとは、世界企業どころか「張り子の虎」ではないか。セブン‐イレブン各店舗と米国のセブン以外、健全な企業はないと言っても過言ではない。セブン銀行があるじゃないか、と言われそうだが、それもセブン店舗あってのものなのである。

鈴木会長が、「セブンがダメになるとセブン&アイが成り立たない」と漏らしたのは、こうした数字を見ると納得できる。

## 本部から〝見張り〟　売上金も行動も管理

この異常利益の裏には、実は何重ものカラクリがある。

店の利益が増えると、セブン本部が受け取る指導料であるチャージ率も高くなる。それが「累進チャージ」と言われる第一のカラクリだ（問題の手口⑤「吸血鬼のシステム　累進チャージ」参照）。しかも、その利益分配には「売上総利益分配方式」という第二のカラクリがある。東京高裁さえも「国語辞典や会計、税務、経営学の専門辞典にも載ってない」と認定する『売上商品原価』なる言葉を使い、利益額を算出するのだ（問題の手口⑥「偽装の会計　売上総利益分配方式」参照）。これらのカラクリの詳細を説明するにはかなりの紙幅が必要になる。一応、今のところ違法ではないので、加盟店側もこの方式に従うしかないのだ。

さらなる利益の収奪法として、捨てる商品にも料金を掛けるロスチャージがあり、ピンハネ疑惑もある（98ページ参照）。何しろ、オーナーたちは仕入れ代金を払っているのに、商品の請求書も領収書も見ることを許されない。このため、自分たちが売っている商品の本当の原価がわからずじまいなのである。

売上金の「毎日送金」というシステムも異常利益を支えている（問題の手口⑦「1円も使わせない『毎日送金』システム」参照）。セブン本部には毎日、全国1万5800店から100億円近い

セブン商法　問題の手口 ⑤

## 吸血鬼のシステム
### 累進チャージ

脱サラ向けのチャージ（セブン本部の取る指導料）は、粗利益が増えると率も上昇する。250万円以下の粗利で56%、250〜400万円で66%、400〜550万円で71%、550万円超すと76%。550万円では本部が418万円、店が132万円。店はこの中から人件費や税金も払う。

セブン商法　問題の手口 ⑥

## 偽装の会計
### 売上総利益分配方式

一般に「利益分配方式」と説明されれば、売上高から売上原価を差し引いた額を分けあうと考える。だが、セブン方式は違う。オーナーの発注総額を「純売上原価」とする。その原価から売れ残りや不良品の原価を差し引いて「売上商品原価」を出す。最後に売上高から「売上商品原価」を差し引いて売上総利益とする。この方法は、オーナーの発注をそのまま売上にする、セブン本部の強引な論理からきている。そしてこれは公取委も認めるとおり、廃棄ロス原価が含まれ、オーナー側の負担が増え、取り分が少なくなる。もちろん、「純売上原価」も「売上商品原価」も一般の会計用語にはなく、用語の偽装といっていい。

現金が入ってくる。売上金は本来、仕入れ代を払って商品を販売したオーナー夫妻のものだ。最高裁もそれを認めている。なのに１日１００億円（月３０００億円）もの大金をどう運用しようと、セブン本部の勝手なのである。
この累進チャージの罠に掛かったのが、宮城県古川市（現大崎市）の元オーナー、鈴木勝だ。セブン本部を相手にロスチャージ裁判で勝訴した前出の辣腕弁護士が、鈴木勝の裁判も担当していた。当時の情況をこう打ち明ける。

「仙台と福島の2人の鈴木さん（鈴木勝・鈴木信彦、『週刊金曜日』2009年5月22日号・6月19日号で詳報）なんか、もう、ホント、裁判で闘わなければ自殺もしかねないという精神状態に追い込まれていましたからねぇ。売上金も管理されて、もう、いじめの極みでしたよ」

鈴木勝の店は、毎日60万、62万円と売り上げていた。年商では軽く2億円を突破していた。それがなぜ生活が苦しく、売上金に手をつけたのか。

セブン商法　問題の手口 ⑦

## 1円も使わせない
## 「毎日送金」システム

売上金は全額、毎日、セブン本部の指定口座に送金する義務がある。入金が遅れたら罰金をとられ、未送金したらセブン社員が乗りこみ、24時間、レジ管理・金庫管理をし、経営権を取りあげる。店に入った金は、必要経費でも1円たりとも使えない契約だ。


こういう理由だ。日販65万円（セブン－イレブンの平均店）では、月の売上総利益が550万円ぐらいになる。そうすると、累進チャージで算出するとセブン本部が418万円を取り、店の取り分は132万円になる。これがオーナー夫妻の手取りなら万々歳だ。だが、実際はこの中からアルバイト人件費、上下水道代、法人税、通信費、リース代など必要経費を差し引かなければならず、すると生活費も出なくなる。

それでやむなく、鈴木勝は仙台国税局や税務署に相談し、税理士の指導を受けて売上金を運転資金に回したのだ。するとすぐ、セブン本部から社員2人がやって来て、その日

行動監視

店の売上金の一部を使った罰として、24時間、2名の本部社員がバックルームで「歩哨」に立ち、オーナー夫妻の行動や生活の監視を続けた。

ユニフォーム姿でレジに入り、オーナーに無断で売上金を全額回収する本部社員。こうしたレジ管理・金庫管理でオーナー夫妻に服従心を教え込むのか。鈴木勝元オーナーの「セブン-イレブン古川西館3丁目店」＝2005年9月撮影。（写真提供／鈴木勝）

から24時間、1年以上もレジ管理・金庫管理と行動監視をされたのである。契約書を盾に更衣室にも見張りが立ち、延べ30人ほどで監視され、売上全額を回収された。(前ページ写真)

鈴木は言う。

「契約書にはお互い経営は別だと書いてある。私も事業届を税務署に出しているので、税務署の指導に従えばいいんですよ。有限会社にしていたから。資金繰りに困ってレジから出金したんです。普通これは当たり前ですよ。だけどセブン－イレブンじゃダメなんです。(「毎日送金」を止めたと言って)セブンの社員が乗り込んできて、ずっと監視された。私も家内も半狂乱ですよ」

鈴木は、その理不尽さに夜も眠れず、極度のノイローゼになり、何度も自殺を考えた。２００４年12月に出した裁判の陳述書で彼はこう訴えている。

「私の店舗がある宮城県古川市を中心とした人口10万人ぐらいの地域にいても、すでに被告(筆者注：セブン－イレブン・ジャパン)加盟店のオーナーが2人は自殺に追い込まれ、日夜16時間以上働いていた3人のオーナーが突然死、もう1人は小さい子供をつれて家族で行方不明に、そして最後の方は家族離散。この小さな地域で7名の被告の被害者がおります。なぜこのようなことが起きるのか大企業と個人という枠を取り払って、真実の目で審議をお願いする次第です」

グループの財務状況だけでなく鈴木敏文の「売る力」も、店舗オーナーの犠牲の上に成り立つ〝張り子の虎〟のようだ。

# 第五章

# 日米FC紛争に発展した
# 〝悪魔のフランチャイズ〟

# フランチャイズ契約の罠
# 脱サラオーナーを騙す詐欺まがい契約の実態

「独立した事業者」でありながら、実質的な経営権の多くを奪われ、フランチャイズ契約を結ばされる加盟店オーナー。そんなひどい契約書なら、いい大人がなぜハンコを押すのか、押した方も自己責任じゃないか。そんな疑問を持つ人もいるかもしれない。だが、そこには脱サラの「素人起業予備軍」を引き入れる「三つの巧みなワナ」がある。募集から契約後に至るまでの流れに沿って〝契約の闇〟を明らかにする。

## フランチャイズ説明会に潜入

「募集の仕方があまりに犯罪的なんです！」

現役オーナーの山田一郎（仮名）は、こう怒りをブチまけた。

山田はメガバンク（大手銀行）出身で、海外経験も積んだ優秀な人物だ。リーマン・ショック（２００８年）前に出向話が出たため、金融界に見切りをつけた。出向先は月給50万円だと聞いた。セブン‐イレブンの説明会に行くと、「手取り60万円」などと聞き、「そのくらいなら第二の人生、セブンオーナーもいいかな……」と、そんな気持ちで転身した。

月収60万円クラスは、トヨタ自動車の社員並みだ（『会社四季報』によれば39歳・年収７５１万円）。最初はそれでスタートし、２店、３店と増やしていければ悪くない。そう信じ込まされた。

ところが、現実は賞味期限直前のおにぎり・弁当・サンドイッチ類を値引きして売る「見切り販売」をしてやっと生活できる状態だ。見切りに踏み切らなければ、退職金をつぎ込み、保険も解約し、借金をしなければやっていけなかった（問題の手口①「マイナス情報非公表の欺瞞的募集」参照）。

山田一郎はオーナー仲間と二人、セブン本部の欺瞞の証

セブン商法 **問題の手口①**

## マイナス情報非公表の欺瞞的募集

加盟店募集のとき、十分な情報を開示せず、虚偽や誇大な情報で加盟させること。これらは独占禁止法や中小小売商業振興法で禁じられているが、セブン‐イレブンの場合、廃業数・廃業理由・ドミナント被害・自殺件数など、加盟店オーナーが最も知りたいマイナス情報は一切公表していない。セブン‐イレブンでは、明らかに加盟店に不利な「セブン会計」という特殊な利益徴収法をとっているが、契約前に加盟店に対して十分に説明し、きちんとした了解を得ている実態はない。

拠をつかもうと、素人のふりをして「フランチャイズフェア」という説明会に潜入する。そこでこんなやり取りがあった。

## 利益と所得をゴマかし　月収額は明らかにせず

**山田**　オーナーになると、月間所得はどのくらいですか？
**セブン社員**　日販50、60万円なら、それが「最終利益」になります。
**山田**　それが月の所得ですか？
**セブン社員**　いや、まぁ、利益です（とゴマかす）。
**山田**　待ってください。利益と所得は違いますよね。
**セブン社員**　うーん（痛い点を突かれて返答できない）。
**山田**　みなさん、どれだけの収入があるんですか？
**セブン社員**　それはですねぇ……。

セブン社員は、質問にまともに答えず「売上総利益分配方式」の説明に入った。もちろん、このときは「純売上原価」とか「売上商品原価」などという、国語辞典にも会計用語にもない〝偽装の用語〟は使わず、ごく一般的な利益分配の説明である。

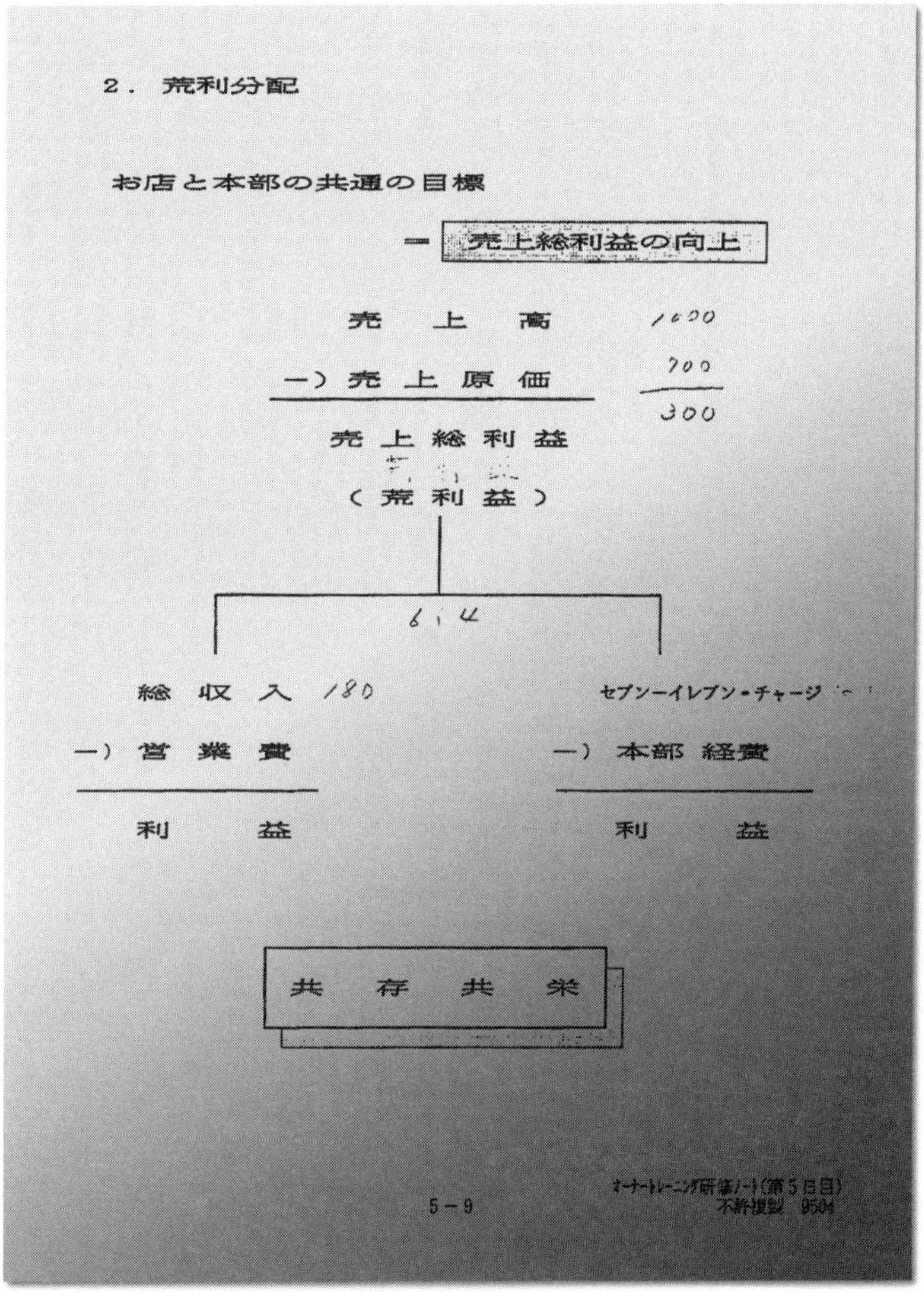


オーナートレーニング研修で配布される「荒利分配」を説明した内部資料。この段階では、最高裁や東京高裁が批判した「純売上原価」「売上商品原価」などという特殊な用語は出ておらず、オーナーたちはごく一般的な会計の仕組みだと信じ込まされる。

しかし、そこで出てくるのは所得ではなく、あくまで店の利益額なのだ。いくら聞いても所得額は出てこない。だから、提示された「日販50、60万円」という金額を大半のオーナー希望者が、「この数字が月収（夫妻の所得）か」と勘違いしてしまう。

ここに第一のワナがある。「不明朗な利益分配」と「脱サラ初体験の甘さ」だ。

山田一郎が裏事情を解説する。

「『ほっともっと』（プレナス＝本社福岡市、持ち帰り弁当の大手FC本部）のフランチャイズ募集ポスターには、月20万とか30万円とか所得を保証すると、『所得』とちゃんと書いている。だけどセブン‐イレブンは、巧みに所得という言葉を使わない。サラリーマンから独立事業者になったとき、一番心配なのは月どのくらいの所得か。（収入が）不安定なのはわかるけど、目安を知りたいんです。だけど、絶対に言わないんです。この募集にはもの凄く犯罪性があると思います。そこにみんな引っ掛かるんだから」

## 「ハワイ旅行できますよ」　ブランドの魔力に落ちる

この時点では、大半のオーナー希望者がフランチャイズの仕組みも粗利益分配なども初めて耳にするものだ。それより彼らは、脱サラか、再就職か。どれだけ稼げるか。そうしたことで頭がいっぱいで、藁をもつかむ思いでフランチャイズフェアを訪れるのだ。それでつい「60万円」「オーナー」「開業資金400万円」などという言葉に引き寄せられる。

左のオーナー募集広告を見ていただきたい。

フランチャイズ募集の月刊誌『アントレ』（発行・リクルート）に載ったセブン－イレブンのカラー見開き広告だ。

「世界初、10000店達成！」「総額400万円でセブン－イレブンが始められる」と、資金も経験も乏しい脱サラ予備軍を引き入れるキャッチコピーが躍っている。

バブル崩壊後、リストラされた「にわか脱サラ」をターゲットにしたフランチャイズ募集雑誌『アントレ』のキャンペーン広告。リストラで再就職か起業かと悩むビジネスマンに「400万円で誰でもオーナーになれる」と誘っている。

筆者が調べたところ、セブン－イレブンでは1998年ごろから脱サラをターゲットにした大キャンペーンを展開してきた。

元社員の証言によると、当時、鈴木敏文会長が「1年で新店を1000店出せ！」と大号令をかけていたという。バブル崩壊後の失われた10年、20年で、会社からクビ切りされた大量のリストラ組、つまり「にわか脱サラ」をターゲットにしたのだ（問題の手口②「〝にわか脱サラ〟の弱み狙う」参照）。

ところが、不思議なことに、2005年いっぱいで、『アントレ』誌上での大キャンペーンはピタッと終わった。この年の2月、ロスチャージ裁判（131ページ参照）で東京高裁が、「原告オーナーはセブン-イレブン会計を理解しておらず、契約は無効」と断じたのだ。このオーナー側の逆転勝訴が影響したものと思われる。

宮城県古川市（当時）の元オーナー、鈴木勝は説明会の様子をこう打ち明ける。

「夫妻で来てくれというんで、私たちは（セブン-イレブンの説明会会場に）行きました。東京タワーの隣でした。会場では（大音量の）音楽をガンガン流して『全世界で何万店の……、店舗が……』とPRビデオを流すんですよ。もう、あれでみんなダマされちゃう。上場企業でしょう。デカい会社ですから」

客を一カ所に集め、大号令をかけて集団心理で物を買わせる催眠商法に似ている。オーナー希望夫妻は、これから人生をかけた大決断をする。より冷静で慎重な判断力が必要なはずだ。それなのにディスコ会場のようなPRの世界

セブン商法 **問題の手口②**

## "にわか脱サラ"の弱み狙う

セブン加盟店オーナーの多くがリストラの影響を受けた人たちだ。終身雇用時代なら定年まで勤め上げた人たちだろう。そんな「にわか脱サラ」の人たちがセブン-イレブンだけで7万8000人いるとみられる。第二の人生を自分の力で切り開きたいと願うリストラされた人たち。セブン本部のやり方は明らかに、その弱みを狙っている。それを「雇用の受け皿」と美談化するメディアもあるが、オーナーの実態を取材していないエセ報道だ。

に呑まれ、地に足が着かなくなる。

鈴木勝も上場企業の社員だった。「金の卵」ともてはやされた先輩たちがリストラで苦しむのを見て、早期退職を決めたのだ。イトーヨーカ堂の創業者、伊藤雅俊の著書『伊藤雅俊の商いのこころ』に感動し、セブン-イレブンに決めた。

「『オーナーになるとハワイ旅行ができますよ』と言われました。『ヨーロッパ一周、1カ月できますよ』と言われた人もいましたね。できるわけがないんですよ、24時間、365日営業してるわけだから。一泊旅行もできない」

セブン-イレブン（2005年に統合）も持ち株会社セブン&アイ・ホールディングスも、東京証券取引所に上場した超優良企業だ。国内で1万5000店も「成功店」があり、毎日、多くのテレビCMが流されて見なれている。そんな天下の大企業がまさか違法、悪質なことなどしないだろう。しかも、開業資金400万円で〝一国一城の主〟になれると思い込まされる。

また、鈴木会長は「セブンの顔」として新聞・雑誌・テレビに出まくり、「小売業は変化対応業だ」「セブン店は小売業の成功パッケージだ」「コンビニは永遠に進化する」などと自画自賛をくり返した。

オーナー希望者たちは、このイメージ戦略と〝カリスマ〟の言葉を信じてしまうのだ。これが第二のワナだ。「ブランドの魔力」に魅入らされ、「大企業だから安心」と疑問のカケラも持たなくなるのだ。

## 契約書では利益が不明　説明を信じハンコを押す

セブン商法の最大の問題は、どういう方法で契約書にハンコを押させているかだ。ロスチャージ裁判を闘った佐藤太郎（仮名）が、驚くべき手口を打ち明ける。

「本当は契約書ですべてが確認できなくてはいけないでしょう。利益分配もわからなければいけない。セブン－イレブンは違うんです。セブンの契約で問題なのは、利益分配がない。つまり契約書には書いてないんですよ。その定義（売上総利益をもとにした利益分配）を解読するには、『付属明細書』の中の文脈から読み取らなくてはいけない。これだけじゃ不十分で、契約が済んだ後に渡される『システムマニュアル』に書いてある（売上総利益の）定義と突き合わせて初めて解読できるっていうのが、セブンのやり方なんです。僕は、契約前に（それが）はっきりしていれば契約なんかしていない。契約後にこんなものから読み取らなければならないなんて、まったくおかしいですよ」

「付属明細書」も「システムマニュアル」も、店舗経営の手引書にすぎない。しかも中身が膨大な上、法的に効力のある契約書ではないのだ。会社員を辞めたばかりの素人にこんな手の込んだやり方で、契約文の裏のウラまで理解しろと要求するのは一種の騙しの手口ではないのか。

店舗オープン後3カ月は「経営委託」という試行期間に当たる。もちろん、もうこの時点では店舗オーナーたちは会社を辞め、加盟金や研修費も支払っており、後戻りなどできない（問題の手口③「経営委託期間の〝アリバイづくり〟」参照）。

この間、セブン側から契約書の説明や利益分配に関する詳細な説明や解説はないのか。

佐藤は言う。

「ないんですよ。そこがミソなんです。実際、店をオープンして3カ月間、契約書はないし、委託契約には（利益の）分配はないですから、固定（給料）でやっている。3カ月経って（店の運営に）馴れた頃に『オーナーさん、本契約しましょう』となる。そこで契約書がくるのですが、（内容の）読み合わせもなにもない。そこで初めて契約書と付属明細書とシステムマニュアルが揃うんです。利益分配については（契約書の「セブン－イレブン・チャージ」）40条に書いてある。これに疑問をもって、『どういうことなの？』と聞くと、こっち（付属明細書）を引っ張り出してこないと解読できないんです。これは最高裁がかなり厳しく叩いていますね。『こ

セブン商法 **問題の手口③**

## 経営委託期間の〝アリバイづくり〟

経営委託期間の3カ月、オーナー夫妻たちは初めての店舗をどう運営していくかで必死だ。セブン本部は、「このときシステムマニュアルを店舗に置いていた」と裁判で主張するが、この最初の時期にオーナーたちは慣れないレジ操作や接客、商品管理で早朝から深夜までクタクタに消耗する。システムマニュアルを解読する余裕もなく、頭も回らない。〝アリバイづくり〟のように置かれたマニュアルなど実態無視も甚だしい。

れじゃ、よくわからない。素人ならなおさらだ』と。『ほかの資料を持ちださないとセブン‐イレブン・チャージが解読できない契約書なんておかしいじゃないか』と」

佐藤の言う「契約書の40条」にはこう書いてある（次ページの写真参照）。

〈第40条（セブン‐イレブン・チャージ）乙は、甲に対して、セブン‐イレブン店経営に関する対価として、各会計期間ごとに、その末日に、売上総利益（売上高から売上商品原価を差し引いたもの。）にたいし、付属明細書（ニ）の第3項に定める率を乗じた額（以下、セブン‐イレブン・チャージという。）をオープンカウントを通じ支払う。〉

確かに、これでは何のことなのかさっぱりわからない。

## 「契約書は見せられない」 契約後、不利な会計に

利益分配のマジックは、実はこのあと起こるのだ。

「委託経営が終わって（契約書に）ハンコを押すんですけど、契約内容の説明がありますよね。そのときは普通の『原価方式』（筆者注：一般企業が採用する会計方式）の説明を行なうんです。契約が済んだら今度は『販売方式』（筆者注：セブン本部の取り分が高い『セブン‐イレブン会計』）の話になる。すると、いきなり本部のチャージ（指導料）が（高くなって）有利になるんですね、契約を結んだとたんに、です。契約前には一切（契約書の）開示がない。企業機密だと言うんで

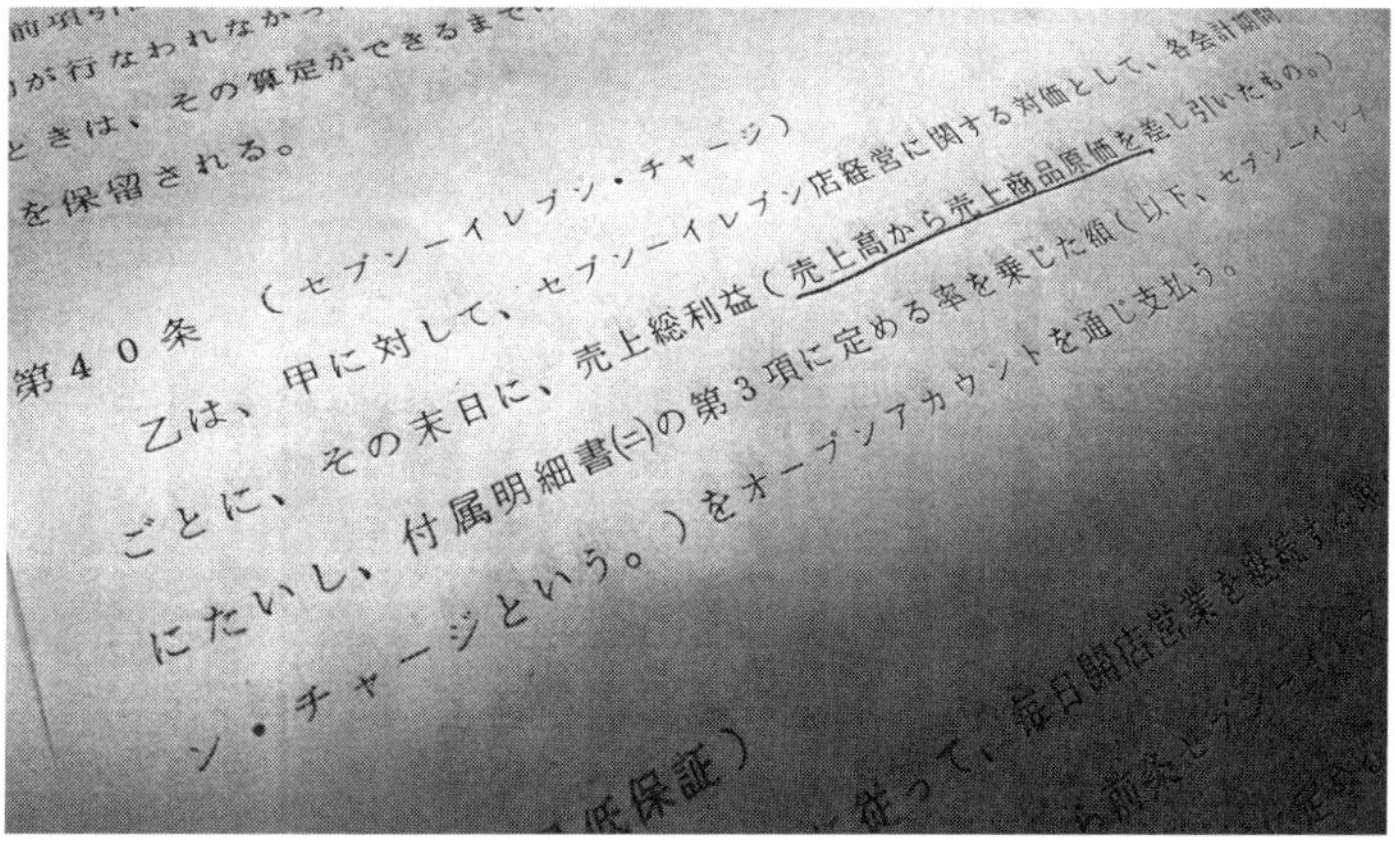


セブン-イレブンの脱サラ向け「加盟店基本契約書」の中の「第40条（セブン-イレブン・チャージ）」の条文。これを読んでも、チャージ率、売上総利益、オーナー側の利益額、廃棄ロスチャージなどの「セブン-イレブン会計」の実態はいっさい判読できない。

す。それで信用できなくて、『契約書を見せろ』って話になると、『契約書は見せられません』と言われる。だから、われわれは契約前にセブンの担当者が言う『利益分配』ってどういうものなのか、イメージするしかないんです。それ（セブン社員の説明）を信用しなければ契約までいかないんですよ」

　この交渉は、店舗オーナー夫妻とセブン社員との密室でのやり取りなので、裁判になっても「言った。言わない」の水かけ論になる。

　現在、セブン－イレブン商法を規制するのは、独占禁止法（不公正取引の防止）か中小小売商業振興法（重要情報の開示・説明の義務）しかない。だが、セブン本部と店舗オーナーとでは、そのカネと情報量を比較すべくもない。裁判の証拠集めでもセブン本部が圧倒的に有利で、オーナー側は手も足も出ないのだ。

ここに最大の罠がある。いや、罠というより「完璧な契約書なので、何をやっても許される！」という鈴木敏文会長の驕りが見え隠れする。

なぜこんな裏契約書のようなものを作り、複雑でわかりにくいやり方をするのか。

それは、契約書だと簡単に変更はできないが、システムマニュアルなら本部側の意向で随時変更でき、オーナー支配と利益搾取の道具に利用できるからだろう。実際、セブン本部はこの40年で何度かシステムマニュアルを改定し、そのつどチャージ率を引き上げてきたのだ。

もう一つの狙いは、最大の機密であり、かつ、後ろめたい高額チャージ搾取の仕組みを隠蔽したいからだろう。創業期のオーナーたちに契約書を手渡さなかったという事実を見ても、これがバレてしまうとオーナーになる人間がいなくなるからだ。いったんハンコを押せば5年、10年と「24時間営業」に追いまくられる……。しかし、店舗オーナーたちは働いても働いても儲からない構造にやがて疑問を感じ、そこで初めて搾取の実態に気づき、夢から醒めて裁判に立ち上がってきた。

この鈴木敏文商法について大半のオーナーたちが、「店舗経営が初めての脱サラオーナーを洗脳し、ダマしてきた」と証言する。そのダマしの手法が、２０１４年4月28日夜、東京・霞ヶ関の日本弁護士会館で開かれたフランチャイズ法制化問題のシンポジウム（日本弁護士連合会主催）で日米オーナー代表によって糾弾された。

# 全米の店舗オーナー代表団が緊急来日
# 〝日米FC紛争〟に発展か!?
# 日本式フランチャイズに猛反発

**1970年代に米国から移入したコンビニエンスストアで大成功したセブン-イレブン。「独立した事業者」とされる加盟店オーナーがセブン本部との間で問題のあるフランチャイズ契約を結び、一年365日「24時間営業」をさせられる。この〝搾取の仕組み〟が問題になっているのは日本国内だけではない。同様の紛争がフランチャイズの本場、米国でも勃発していた。**

セブン-イレブン・ジャパンの第1号店が東京・江東区に出店したのは1974年5月。米国から移入したコンビニエンスストアは大評判となり、中堅スーパーのイトーヨーカ堂が一躍、小売業トップとなった。だが、第1号店出店からちょうど40年後（2014年）、この脱サラ加盟者を「独立事業者のオーナー」に仕立てたフランチャイズ方式に対し、岡山県労働委員会が２０１４年３月、「独立事業者ではなく労働者である」として「ＮＯ」を突きつけ、セブン本部のやり方を不当労働行為だと断定した（問題の手口④「実は労働者だった！　オーナー偽装」参照）。

この岡山県労委の判断は、セブン本部が40年間も異常利益（純利益約20％）を上げ続けてきたフランチャイズ商法の根幹を全否定する、いわば「搾取の仕組みを改めよ」と命じた裁定だと言っていい。これは日本国内だけの問題ではない。同じ紛争がフランチャイズの本場、米国でも勃発していたのだ。

## 米国で進む日本型契約　ニュージャージー州では集団提訴

米国では２０１３年７月、セブン‐イレブン加盟店経営者たちがセブン‐イレブン・インク（米国セブン‐イレブン）、セブン‐イレブン・ジャパン、セブン＆アイ・ホールディングスの３社を相手取り、ニュージャージー州地裁に集団提訴した。

オーナーたちは、「経営の自由がないのに契約書で独立事業者だとされて、セブン本部は最低賃金・時間外手当、社会保障費、税金などを逃れて不当に利益を上げている」と主張し、損害賠償を求めているのだ。

このニュージャージー裁判を調査した弘前大学の長谷河亜希子《はせがわあきこ》准教授（独占禁止法専

セブン本部の社員が毎週、加盟店を巡回・監視し、実質的に「独立事業者」であるはずの店舗オーナーの経営の自由を奪っている。彼らは「ZM＝ゾーン・マネージャー」「DM＝ディストリクト・マネージャー」「OFC＝オペレーション・フィールド・カウンセラー」などと呼ばれ、在庫や店頭商品、レジなどを監視する。（提供／元セブン-イレブン加盟店オーナー）

セブン商法　**問題の手口④**

# 実は労働者だった！
## オーナー偽装

セブン-イレブンの最大のウソは、岡山県労働委員会が2014年３月20日に断罪した「オーナーは労働者だった」という〝オーナー偽装〟だ。じつは、筆者は2009年10月、拙著『セブン-イレブンの罠』（金曜日刊）で「オーナー偽装という罠」と題した章を書いて告発した。数十人の加盟店主に実態を聞き取り調査した結論だった。この問題は「オーナー」たちが当時の通産省や公正取引委員会、政治家にお百度を踏んで訴えていた。しかし官僚も政治家もメディアも聞く耳を持たず、調査もしようとしなかった。鈴木敏文という〝カリスマ〟に幻惑されたのか。それが今や米国でも問題にされ、裁判を起こした加盟店オーナーの代表が真相究明に乗り込んできたのだ。

門）はこう語る。

「ニュージャージー裁判の訴状を読んでみると、ロイヤリティの計算方法がアメリカでも日本方式に変わったようで、それで加盟店の困窮度合いがひどくなったのが紛争の原因だと考えています。私が2012年6月、日弁連（日本弁護士連合会）の米国調査団として渡米し、セブン‐イレブンオーナーに話を聞いたときも、『アメリカでは1店舗だけではやっていけないのが普通だ』『家族みんなで何店舗も経営しなければダメなんだ』と不満を言っていました。その時会った人は、別のフランチャイズを掛け持ちで、家に帰れないのでクルマの中で寝泊まりしている、と言ってましたね。アメリカの方が日本よりひどいなと感じました」

長谷河准教授のニュージャージー裁判レポートによると、争点は「労働者問題」以外にも、①人種や国籍等で差別していないか②解約手続き違反（60日の契約違反の是正期間を与えていない）③非合理な商品仕入れ先の指定（仕入れ価格が異常に高い）④違法な納品強要（商品を必要以上に強制する）――など多岐にわたり、米国の加盟店オーナー側はニュージャージー州の差別禁止法、賃金・労働時間法、フランチャイズ慣行法の3つの法律に違反したと訴えている。そしてこれらは、日本のオーナーたちがセブン本部と対決してきた争点そのものでもある。

米国では、一つの判決結果が、利害を共有する全米オーナーに適用される「クラス・アクション」（集団代表訴訟）という方式が採用されている。このため、裁判で違法と判断されれば、セブン＆アイグループは莫大な賠償金を支払わなければならず、きわめて深刻な事態となる可能性がある。実際、2010年3月、マサチューセッツ州では世界有数の清掃業フランチャイズ本部に対して「加盟店主は事業者ではなく労働者だ」との違法判決が出た。

## 「日本型契約に変えろ！」 古いオーナーが猛反発

米国のセブン‐イレブン事情に詳しい現役オーナーがこう明かす。

「実は、すべてがアメリカセブンの利益が出ていないからなんです。2006年か07年ごろから日本のマネジメントを送り込んで、『日本型の契約に変えろ！』とやったんです。日本型では、累進チャージ（売上に応じてセブン側に支払う指導料が増える仕組み）で最大76％も利益を取られ、食っていけませんからね。それを海外でもできると思ってやったら、アメリカです ぐ火が噴いてきたということでしょう。アメリカではテレビ宣伝もやっていないので、（知名度がなく）チャージの上がりが少ない。日本みたいに累進チャージはやっていないと思うけど、いろんな点で本部に有利になるよう変えてしまったらしいんです。まあ、再契約をしなけりゃあ、後のメンバーは消えてなくなるんだという考えなんでしょう。それが今、古いオーナーたちから猛反発が起こっているんですよ」

実際、2013年の米国セブンの売上高は1兆2472億8700万円だったが、純利益はわずか223億7800万円、純利益率は1・8％しかなかった。日本のセブン‐イレブンに比べて利益が5分の1、利益率（日本は約20％）など比べようがない。鈴木敏文会長が「日本式でやればもっと儲かる」と考えたのもムリもない（問題の手口⑤「1億数千万円もかけた！　詐欺的な契約書」参照）。

「それと2013年には、大変な不祥事を起こしているんですよ、セブンが……」

そう言って事情通はインターネット情報を紹介する。

「アメリカのセブン店が不法移民を使って人件費をゴマかして利益を上げていたのが、アメリカ社会で大問題になったんです。50人以上の不法移民を14店舗だったかが使っていたんです。最低賃金以下でコキ使い、給与明細も出していた。当然、本部もからんで利益を出すためにやったのではないか、とつつかれていたんです。米政府から摘発されて社会問題になっているん

セブン商法　問題の手口⑤

## 1億数千万円もかけた！
## 詐欺的な契約書

1974年の第1号店出店の前、セブン-イレブンはフランチャイズ契約書の作成に1億数千万円（現在なら10億円超か）使ったという。萬歳教公元専務などが加盟店主にじかにそう話している。「それだけかけた契約書に問題などない！」と。そんな大金を何に使ったのか。その契約書を加盟店オーナーに渡さなかったことが問題とされた事件で、中小企業庁の高島章小売商業課長（当時）の追及に当時の鈴木敏文社長は「法律を研究しつくして作った契約書だ」と逃げきった。高島課長は当時40代の鈴木社長に「世の中そんなに甘くないぞ」と戒めた。そして高島課長の予言どおり、40数年を経て、そのウソが暴かれようとしている。

ですよ。移民を勝手に入れたのが、（移民の国）アメリカでは重罪なんですよ」

この事件はロイターが２０１３年６月18日付で全世界に配信。14店舗の営業権が剥奪され、他の30店舗にも捜査が及び、「事件がさらに拡大する可能性もある」と報じられた。

さらに、全米の経済・文化の象徴の地とも言えるニューヨーク・マンハッタン街にセブン店を大量出店しようという計画が、地元商店組合から猛反対を受けたこともある。あのセブンマークが街中に溢れると、国連本部やブロードウェー、セントラルパーク、摩天楼など有名な観光名所のイメージが悪くなると反発したのだ。

そうした中で、２０１４年に初来日した全米オーナー代表団のメンバーは、各州のセブン－イレブンオーナー会のトップたちだ。イリノイ州シカゴ代表、カリフォルニア州サンフランシスコ代表、ニューイングランド代表（メーン・ニューハンプシャー・バーモント・マサチューセッツ・ロードアイランド・コネティカットの米国北東部６州代表）、それに全米オーナー会事務局長の計４人。

最大の目的は、日本のコンビニ加盟店ユニオンとの提携と、日弁連主催のフランチャイズ法制化問題の公開討論でのセブン商法の追及であった。日本の主要メディアも、これまでのように無視を決め込むことはできないだろうと思われたが、やはりまともに取り上げたところはなかった。

## 地獄のフランチャイジー　米国でも同じ問題を抱え

コンビニ加盟店ユニオン関係者がこう打ち明ける。

「アメリカの代表たちは、日本のセブン－イレブンがどんな経営をしているのかを知りたいんです。今までやってきたのとずい分違うな、と感じているからでしょう。彼らに言わせると違う契約書でやるようになって、それから『ちょっと待てよ』となったらしい。Ｗｅｂでは『アンハッピー・フランチャイジー』というサイトがあって、全米から投稿されてます。『われわれは地獄のフランチャイジーだ』と。契約更新するときに『資本金をさらに１万ドル（１００万円）積み上げろ！』と要求されたり、カリフォルニアだったと思うけど、今まで10年、20年もやってきて、これまではスンナリ契約更新だったのが、『新契約に変える！』と言われたと。しかも、本部が言ってきた内容があまりに一方的だったので、裁判を起こしたら認められたらしいんですよ。（判決では）『古い契約が生きている』と。オーナーたちの主張が認められ、そんな途中からの更新だから新たな契約じゃない、認められない、と裁判所が判断したんです。新しい契約がとてもウサン臭いのでわれわれと接触を持ちたい、と言ってきたんです。アメリカでも、われわれと同じ問題を抱えているんです。契約書では独立の事業者と言えない、と訴えている。だから、われわれが今回勝った内容をよく聞いて、それでもう一度訴えるんだ、と。岡山県労委の裁定を翻訳して持ち帰って訴えるんだ、と言っていますね」

1973年に鈴木敏文会長が米国のサウスランド社からセブン‐イレブン・フランチャイズを輸入した（同年11月にライセンス契約締結）。コンビニを日本市場に移植する過程で、「セブン‐イレブン会計（累進チャージ制を含む）」という日本式の搾取の仕組みに作り変え、異常利益がとれる体質になった（拙著『セブン‐イレブンの罠』で詳述）。79年にセブン本部が株式公開し、株価対策で利益追求が大命題になったからだ。

その後、本家サウスランド社が経営破綻したため、1991年3月、セブン‐イレブン・ジャパンが買収。セブンは日米両国でコンビニの王者として突き進むことになる。

だが、米国ではまだサウスランド社の契約が

セブン商法　問題の手口⑥

## 加盟店主にメリットのある契約法があった！ 消えたBタイプ

セブン店舗には現在、酒店・食品店からの転業「Aタイプ＝自己物件」、脱サラ「Cタイプ＝本部物件」の２種があると言われる。だが、AとCの間にじつは「Bタイプ」があった。移民の国アメリカで考案されたもので、営業権を転売することができた。なぜ今はBタイプがないのか？　じつは「Bタイプ」こそ、歩合制で短期に稼いで売り抜けられ、加盟店主側にメリットがあった。〝ハングリービジネス〟と呼ばれ、移民社会らしいフランチャイズ方式だった。だが、それを１、２年で廃止し、鈴木敏文方式によって換骨奪胎したのが現在の累進チャージ（指導料）方式で、いくら働いても加盟店主側が儲けられないCタイプなのだ。

生きており、セブン本部は思うように利益が取れなかった。そこでサウスランド方式の旧契約から日本方式（鈴木敏文方式）の新契約に切り替えようとした。

つまり、サウスランド方式を一掃しようという強引なやり方に対し、全米オーナーたちが反発しているのだ（問題の手口⑥「加盟店主にメリットのある契約法があった！　消えたBタイプ」参照）。

## アジアで紛争の火種かFC規制法が必要だ

逆輸出された日本型フランチャイズ（鈴木敏文方式）に対して、フランチャイズ発祥の国・米国で大ブーイングが起きている。不平等な契約のあり方が今、〝日米FC紛争〟の火種になろうとしているのだ。その火種は近い将来、セブン-イレブンが進出を進める韓国、中国、オーストラリア、マレーシアなどアジア各国にも飛び火する可能性がある。

長谷河准教授が解説する。

「アメリカの加盟店団体も、ここ数年が勝負だと考えているんじゃないでしょうか。というのも、フランチャイズ州法の改正案が今、積極的に出されているからです。（日弁連の）ヒアリングに行ったとき、カリフォルニアでも出ていた。ほかにマサチューセッツ、バーモント、ペンシルベニア、メーン州などが改正法案を出している。もちろん、規制の強化という流れです。それと2012年ごろから、フランチャイズに関する論文が増えてきたんですよ。一時期少なかったのがまた増えて、専門家の関心がより大きくなってきたと言えるんじゃないでしょうか」

日弁連の調査によると、米国のフランチャイズ法は、連邦取引委員会（ＦＴＣ＝日本の公正取引委員会）法レベルで情報開示（役員履歴・加盟金・ロイヤリティ・投資額・リベート）の大綱をかけ、それを受けて州単位の細かい規制法で取り締まる仕組みになっている。そのほかに、反トラスト法（「不当取引規制」「商品抱き合わせ禁止」「価格差別」「リベート規制」）などもある。

全米50州では、ニューヨークやイリノイ、ワシントンなど14州が情報開示法や登録規制法を採用、カリフォルニアやニューヨーク、ニュージャージーなど19州では契約規制法を導入している。州法では、契約の解約や更新拒絶を規制し、補償規定などを定めている。本部が違法行為を犯すと刑事罰が科されるほど重い。

韓国でも通貨危機（97年）後、フランチャイズ紛争が頻発したことを受け、２００２年に規制法ができた。オーナーの自殺や家庭崩壊が出ていることも日本と同じ構図だ。日本においても、これ以上の野放し状態は許されない。フランチャイズ規制法が必要だ。

## 米国セブン加盟店協会シカゴのハシム・サイード代表に聞く
# 「鈴木商法と戦うためにやって来た」

**2014年春、米国セブン加盟店協会シカゴのハシム・サイード代表ら4人が初来日した。米国セブン店のオーナーたちが日本に乗り込んできた目的は何なのか。彼らは一体、何を怒っているのか。**

全米の有力加盟店代表が乗り込んでくるとは、セブン‐イレブン・ジャパン創業以来の大ハプニングだ。サイード代表らはセブン本部首脳への面談を申し入れたが、門前払いされた。サイード代表は、全米唯一のフランチャイズ加盟店主の情報紙『FOAC（Franchise Owners Association of Chicagoland)』の編集発行人を務め、シカゴの報道番組でもコンビニ問題を発言するなど鋭いセンスの論客だった。以下は、筆者とのやりとりである。

## 日本のフランチャイズはまるで軍国主義だ

――みなさんのセブン‐イレブンビジネスは、鈴木敏文という経営者を抜きには語れません。彼がセブン‐イレブンのすべてを作り、81歳（2014年のインタビュー当時）の今も絶対権力を握っています。彼は元々、小売商売の経験はなく、30歳まで労働組合の書記長をやっていました。

まったく初めて聞く話です。本当ですか？ 私も鈴木さんに関する英訳本を読みました。そこには「自分の失敗を部下かパートナーに押しつけて、責任をとらない人物だ」と書かれていたので、よい印象は持っていませんでした。

――鈴木さんは大学生の頃、日本がまだ貧しかった1950年代に株式投資に熱中していたようです。政治家や新聞記者をめざしたけど失敗し、出版卸会社に入って労働運動をや

ロンドンやパリにも住んでいた国際派のハシム・サイード代表。全米唯一のフランチャイズ加盟店向けニュースレター紙『FOAC』編集発行人でもある。「今回、私たちが訪日した究極の目的は、日米共通の問題点はなにかを探り、日本の加盟店の人たちと連携しアライアンス（同盟）を組むことなんですよ」と話す。

るんです。その後、30歳で労組を放り出すようにしてイトーヨーカ堂に転職。そこで労働組合をつくり、実力を蓄えて41歳のとき日本で初めてコンビニ（セブン‐イレブン）をやって大成功します。フランチャイズ契約で縛って、加盟店主から利益を吸い上げるという方法が、当時の日本にはなかったからです。イトーヨーカ堂は当時のスーパー業界15位で、経営が苦しく、M＆A（吸収・合併）の危機にさらされていました。だから、イトーヨーカ堂にとって鈴木さんは救世主になります。

驚きのニュースばかり聞きますねえ。日本のフランチャイズのやり方を調べたのですが、これは戦時中の軍国主義のやり方ですよ。若い特攻隊員を犠牲にして戦いましたよね、軍の指導部は。あれとまったく同じじゃないですか？（日米比較①「フランチャイズ規制法」参照）

――軍国主義というよりも、鈴木さんは組合活動から学んだのではないでしょうか、加盟店主夫妻の管理の方法を。〝恐怖政治〟ってご存知ですか？　セブンの社長や役員も加盟店主も力で押さえ込む。反抗したらクビを切るというやり方です。鈴木さんの支配が81歳になった今でも続いているし、誰も「NO」と言えない。セブン‐イレブン大成功の要因もこの恐怖支配なんです。彼は〝コンビニ天皇〟とまで呼ばれていますからね。

さっきの英訳本を私が編集発行するニュースレター紙『FOAC』にも載せ、全米のオーナーたちに読んでもらいましたよ。たしかにあれを読んでみて、冷酷で無慈悲な人物だな、という印象をもちましたね。

## 仕入れ原価を見せないのは〝犯罪〟ではないか⁉

来日以来2日間、日本のオーナーたちから内情を聞いてビックリしたのは、セブン本部が請求書や領収書を加盟店主に渡していないという事実ですね（日米比較②「商品仕入れ」参照）。いやあ、信じられない。これじゃあ、実際の仕入れ金額がいくらか、いくら支払っているのかわからないし、本部が安く仕入れて、加盟店に高く売りつけているかもしれないじゃないですか。「本部に任せろ。本部を信じろ！」などというやり方は米国じゃあ通用しません。もし、それが事実なら〝犯罪〟ですよ。私が保証しますが、米国なら間違いなく詐欺罪で刑務所送りですね。

――日本ではそれが40年も続いています。

なぜですか？

――一つには、さっき挙げた恐怖政治、恐怖支配で加盟店が問題にしてもすべて潰され、闇に葬られてきたんです。加盟店主に脱サラが多く、小売業の素人だからです。オーナーたちは「セブン本部に洗脳されてきた」と言っています。実際、裁判を起こし、問題化したのは2000年からなんです。日本のメディアも刑事事件化しないとまともに報道しない。

信じられないですね。私は、セブン‐イレブン（経営）を25年やっていますが、90年代は独立した事業者として権利が認められ、仕事にやりがいがありました。だけど、2005年からチャージ（指導料）率の引き上げや仕入れ先の制限という日本流のやり方にするとの提案を聞いたとき、「これは加盟店主を支配しようとしているな」とピンときたんです。これを認めてしまえば、独立事業者の地位が危なくなる。「これはセブン本部の支配の始まりだな」と思ったんですよ。チャージ率が上がっても仕入れの自由、つまり、経営の自由があった方がマシなんです（日米比較⑦「チャージ率」参照）。

| JAPAN | USA |
|---|---|
| なし | 連邦法と州法のダブル規制 |
| 請求書・領収書を渡さず不明朗 | 加盟店主が仕入れ先から直接もらう |
| 本部の自由（創業以来） | 09年から本部の自由に |
| 本部の自由 | 契約違反のガイドラインで判断 |
| 小売店から「転業」と「脱サラ」の2種 | 加盟店主の資産 |
| 「労働者に当たる」との労働委員会命令 | 2005年から実質的に労働者 |
| 56～76%（累進チャージ・本部物件） | 50%（固定） |

問題の手口 日米比較

# 米国セブンよりひどい日本の加盟店支配！

**1 フランチャイズ規制法** 日本では独占禁止法と中小小売商業振興法の小売関係法しかなく、2009年に初めて独占禁止法の「優越的地位の乱用」でセブン本部が摘発された。米国では連邦法、州法、反トラスト法（不当取引規制）がある。韓国でもフランチャイズ（FC）規制法がある。

**2 商品仕入れ** 日本では創業以来40年、セブン本部は仕入れ商品の請求書・領収書を店舗オーナーには渡していない。このため仕入れ代金のピンハネ疑惑が消えていない。今回の米代表の証言で、米国では請求書・領収書を渡すのが当然でガラス張りであることが明確になった。

**3 ドミナント［近隣出店］** ドミナントは本部の売上拡大とオーナー管理・支配の方法として使われている。日販80万円になると近隣出店をする仕組み。米国では09年からこのドミナントが始まり、猛反発が起こっている。営業転売権をもつ加盟店主の資産価値が下がるからだ。

**4 契約更新** 日本では契約更新と解除は本部の考えで自由にできる。つまり、「更新」と「解除」を武器にして本部に反抗するオーナーのクビを切り、物言うオーノーを排除してきた。米国では「違反ガイドライン」で判断し、契約を解除した場合、営業補償を支払う。

**5 契約のタイプ** FC発祥の地・米国では店の営業権・経営権を自由に転売できる。だが、09年から近隣出店ができるよう契約書を変えて大問題になり、今回の米代表の来日理由にもなった。日本では「経営の自由度ゼロ」で完全に本部に従属する契約となっているのが実態だ。

**6 労働者性** 岡山県労働委員会が2014年3月20日に「加盟店主は労働組合法上の労働者に当たる」との画期的な判断を出し、労働者性が明確になった。米国でも05年から日本型契約でしばり始めて日米ともに労働者性が強くなっている。ニュージャージー州では現在、労働者性をめぐって係争中だ。

**7 チャージ率** チャージとは指導料のことだが、一般には加盟店側から本部に支払われる利用対価であるロイヤリティと呼ばれることもある。売上総利益の分配方式は日米とも同じだが、本部の取り分がかなり異なる。日本の場合、加盟店オーナーの自己物件を店舗とする「Aタイプ」は45％で米国の「50％」より低いものの、店舗オーナーの約７割を占める脱サラ向け「Cタイプ」（店舗が本部所有）は売上の最大76％も本部に吸い上げられていく。これでは「オーナー」とは名ばかりで、いくら働いてもいくら売り上げても、儲けが本部に吸い取られる仕組みだ。

――それで日本のオーナーたちの実情を知りたいと思ったんですね。

そうです。実は、われわれが日本に行くのを米国セブンの役員たちが非常に嫌がったんですよ。「絶対、日本に行くことは許さないっ！」と。われわれが日本でこうして事実を喋ることを恐れ、阻止しようと必死になったんです。米国セブンのCEOも、ミーティングで日本から帰ると、「鈴木さんが恐い、鈴木さんが恐い」としきりに言ってました。日本で相当吊るし上げられたんでしょうね。私は、鈴木さんに会ってじかに話がしたかったんです。米国のCEOじゃ、解決できないとわかっていたからです。来日したのはそのためです。でも門前払いでしたよ。

## フランチャイズは労働法の「抜け道」

日本のオーナーたちは米国に較べて結束力が強いように感じましたが？

――いや、コンビニ加盟店ユニオンができたのが2009年8月で、ユニオンに加盟しているメンバーも1万数千店の中でわずか200～300人です。大半のオーナーたちが本部に服従し、文句を言えない実情があります。

なぜですか？

――本部に反抗したらいろいろな理由をつけて契約が打ち切られるからです。本部と裁判をした人たちはほとんど、途中で解約されています。それが恐いからですよ。

驚きましたね。鈴木さんは、日本のセブン‐イレブンをフランチャイズだと呼んでいますが、フランチャイズなどではありませんよ。鈴木さんの経営は労働搾取工場制度です。この意味、わかりますか？　人々は奴隷のように働かされているんですよ（日米比較④「契約更新」参照）。

――その通りです。実際、セブン‐イレブン裁判にかかわった弁護士もオーナーたちも「奴隷の契約書だ」と言っています。

ご存知でしょうか、米国ではフランチャイズの本当の狙いは労働法の抜け道として作られたんです。本部は事業拡大のために加盟店主に店の経営を任せます。そのかわり加盟店も手っ取り早くお金を稼いで、店の営業権を転売できるんですよ（筆者注：米国は日本で1、2年で廃止した「Bタイプ契約」で、営業権が転売できるようになっている）。つまり、本部と加盟店は「ギブ・アンド・テイク」なんですよ、もともとが（日米比較⑤「契約のタイプ」参照）。

それが2005年以降、新しい契約となって二つの問題が出てきているんです。一つは、独立事業者としての地位が脅かされようとしている点です。われわれが独自に商品を仕入れる「仕入れ権」が制限され、単なるマネジャーになり下がりつつあるという事実です。

もう一つは近隣出店の問題です。日本では「ドミナント」と言うそうですが、米国では「インクローズメント（Inclosement＝包囲）」と呼んでいまして、2009年の新契約書から本部は既存店の隣にも新店を出せる権利のある契約になっているんです（日米比較③「ドミナント（近隣出店)」参照)。隣に店など出されたら「のれん代」が毀損され、売却するとき店の価値が下がり、投資の回収ができなくなり、大問題です。

——日本では「転売」なんて考えられません。日本の小売業は、「家業」として地域で代々続けていく商売ですから。

　当時、本部はわれわれにこう言ってきたんですよ。「本部のチャージ率52％、本部の認定の仕入れ先85％にせよ」と。一括仕入れにした方がバイイングパワー(仕入れ力)で安く仕入れられる、と。とんでもない。われわれが自由に仕入れた方が、価格交渉もできるし、自由に経営ができるんです。今までがそうでしたからね。それ以降、セブン本部とはギクシャクした関係になっているんです。

## 自殺の件が暴露されたら米では抗議行動が起こる

——私が、『週刊金曜日』2014年1月31日号で紹介した事件は、加盟店オーナーの妻が契約更新ができるかどうかに悩んで、鬱病になって自殺した事例でした。セブン本部に反抗するので、近隣に2店もライバル店を出され、過剰在庫を押しつけられ、契約更新できるかどうか追い詰められたんです。妻が自殺して、その死と引き換えのようにして契約更新ができたんです。私はオーナー本人に直接インタビューし、この事実を報じました。そのほかオーナーが自殺したケースを何件も取材しています。

もし、その事実が米国で暴露されたら、必ず米国人はセブン‐イレブンに抗議行動を起こしますよ。私は、ロンドンやパリにも暮らしていましたが、米国人は権威に対する反骨心、正義感が強いですから。そんなこと、米国の国民なら絶対許さないでしょうね。だから米国セブンは、オーナーが日本の企業だという事実を隠したいんですかねえ。実際、米国では、日本の企業がセブン‐イレブンを所有しているなんてほとんどの人が知らない。90％の人が知らないと思います。もちろん、セブン‐イレブン加盟店主も知りません。だから米国で「鈴木」と言ったら、みんな自動車の「スズキ」を連想するでしょう（笑）。また、米国セブンのCEOなども誰一人として本部に対して忠誠心がないんですよ。現在のCEOなど一度他社から高い給料で引っ張られてセブンを辞めているんです。それが経営陣の実態なんですよ。

――だから、セブン‐イレブン問題の解決には、日米のオーナーが提携し、情報交換することが重要なんでしょうね。

もちろん！　誰でも鈴木さんの言いなりにはならないんだぞ、やりたい放題は許されないんだぞ、と知らしめることが必要でしょうね。だから、私たちは鈴木さんと戦うためにやって来たんです。

（2014年4月29日、東京・品川プリンスホテルで。通訳・瀬川牧子）

筆者と『週刊金曜日』編集部はセブン本部に対して次のような「公開質問書」を送付したが、セブン本部は回答を拒否した。さらに、この公開質問書送付から13日後の2014年2月18日、「マスコミ取材は、基本的にお断りください」とする文書（191ページ参照）を井阪隆一代表取締役社長名で「セブン－イレブン店オーナー各位」に送付し、取材をシャットアウトさせた。

㈱セブン＆アイ・ホールディングス
鈴木敏文代表取締役会長様

2014年2月5日

# 公開質問書

創業40周年を経て、ますますご健勝のことと拝察いたします。

しかしながら、公正取引委員会からの排除措置命令や昨年8月の東京高等裁判所の判決（御社側の敗訴）、近年多発する訴訟など御社をめぐる状況は必ずしも楽観できる材料ばかりではないようです。そうした状況を踏まえ、下記の4点についてご回答をいただきたく、質問書を送付させていただきました。

勝手ながら、2月13日（木）までに上記の住所ないしＦＡＸ宛てに文書による回答をくださるようお願い申し上げます。回答をいただけない場合でも、この質問については弊誌にて報じさせていただきます。

誠意あるご回答をなにとぞよろしくお願いいたします。

拝

記

**（1）加盟店経営者の自殺について**

弊誌の取材調査によりますと、御社のフランチャイズに加盟し、セブン-イレブン店経営に携わったことが原因で、自殺や家庭崩壊、資産消失、失職などに追い込まれたオーナー夫妻が数多く存在しています。

しかし、鈴木敏文会長はマスコミやオーナー懇親会の場で「フランチャイズは共存共栄」と発言し、御著にもそうした事実は書かれていません。このオーナー夫妻の数々の悲劇について、コンビニ・フランチャイズの創始者として、またセブン-イレブンの最高経営責任者としてどうお考えですか？　また何がこうした悲劇の原因だとお考えですか？

**（2）「独立の事業者」とする契約内容と実態の乖離について**

東京高裁は2013年8月30日、セブン-イレブン見切り販売制限損害賠償請求訴訟で、独禁法の優越的地位の濫用と認定し、違法判決を下しました。御社の加盟店基本契約書第2条では「独立の事業者」と明確に規定され、加盟店経営者の権利が保障されています。ところが、弊誌の取材調査では加盟店経営者の価格決定権や商品仕入れ権などの経営権が蹂躙されている事実が複数の証言で得られています。セブン-イレブンの最高経営責任者として、このような契約書の内容と実態との乖離についてどうお考えですか？　また何が原因だとお考えですか？

**（3）「コンビニ加盟店ユニオン」の活動妨害について**

弊誌の取材調査によりますと、独立の事業者である加盟店経営者が、セブン-イレブン本部との話し合いの組織である「コンビニ加盟店ユニオン」に加盟し活動することが、本部によって事実上禁じられています。「独立事業者」の基本的な権利である自主的な活動を制限・阻害する法律的根拠は何でしょうか？このことをセブン-イレブンの最高経営責任者としてどうお考えですか？

**（4）相次ぐ訴訟について**

弊誌の取材調査によりますと、2000年以降、「最良のパートナー」であるはずの加盟店経営者が、御社を訴える訴訟が頻発しています。何が原因だとお考えですか？　セブン-イレブンの最高経営責任者としてどうお考えですか？

平成26年2月18日

セブン－イレブン店オーナー各位

株式会社セブン－イレブン・ジャパン
代表取締役社長最高執行責任者　井阪隆一

## 事件・事故発生時のマスコミ対応について

平素はセブン－イレブン店の経営にご尽力を賜り厚く御礼申し上げます。
さて、セブン-イレブンの店舗数も1万6千店を超え、お客様及びマスコミのセブン-イレブンチェーンへの関心・注目度が高くなっております。この様な環境の中、昨今の社会問題などの増加に伴い、加盟店のオーナー様・従業員さんがマスコミより取材依頼やインタビューなどを受けるケースが発生しております。
マスコミより取材の依頼があったときは、下記の対応をお願い致します。

**マスコミからの取材は、基本的にはお断りください**

1、事件・事故発生時のマスコミ対応

マスコミへは、セブン-イレブン・ジャパンの広報センターが対応いたします。

**取材の依頼があったときには、OFC・地区事務所などにご連絡ください。**

・発言が意図したものと違う内容で報道される恐れがあります。
・防犯カメラの映像は、個人情報に該当する場合があります、マスコミには貸し出さないでください。
・セブン-イレブン全店に影響を及ぼす可能性があります。

店内での撮影

**店内での撮影は、セブン-イレブンイメージに関わる事であり、またお客様にご迷惑をかけるのでお断りください。**

井阪隆一社長名で2014年2月18日付で、全国1万6000店のオーナーに発せられたマスコミ取材の箝口令。インターネット時代になっても、こうした手法で独立した事業者である店舗オーナーの口封じを続けている。じつはこの文書が配布される2週間ほど前の2月5日付で、鈴木敏文会長宛に『週刊金曜日』編集部から「公開質問書」を出していた。それには一切答えずに、加盟店オーナーへの一方的な口封じを図ったことになる。（撮影／『週刊金曜日』編集部）

# 渡辺 仁

わたなべ　じん／1951年、長崎県生まれ。経済ジャーナリスト。東洋大学経済学部中退後、経済専門紙記者などを経てフリーライターとして独立。ビジネス誌、経営誌、週刊誌などに執筆。2002年4月、ベンチャービジネス専門誌『Incubation』を創刊、編集長を務める。05年『起業バカ』『起業バカ2』（光文社）を出版、起業ブームの知られざる内幕を描きベストセラーとなる。著書に『マザーズ族』（光文社）、『起業のワナ』（日本実業出版社）、『セブン-イレブンの罠』（金曜日）など。


## セブン-イレブン
## 鈴木敏文帝国崩壊の深層


2016年5月8日　初版発行

著　者　渡辺　仁
発行人　北村　肇
発行所　株式会社 金曜日
〒101-0051 東京都千代田区神田神保町2-23 アセンド神保町3階
URL　http://www.kinyobi.co.jp/
（業務部）TEL 03-3221-8521　FAX 03-3221-8522
Mail　gyomubu@kinyobi.co.jp
（編集部）TEL 03-3221-8527　FAX 03-3221-8532
Mail　henshubu@kinyobi.co.jp

ブックデザイン　細工場
印刷・製本　精文堂印刷株式会社




ISBN978-4-86572-009-9　C0036